일본어 독해력 완성 프로그램
다락원 일한 대역문고

초급 3

일본초등학교
3학년 국어교과서선

日本の小学校3年生の国語教科書選

阪田寛夫・花岡大学・後藤竜二・川村たかし 著
이성신・노희진 訳註

다락원

머리말

『다락원 일한 대역문고』 초급 시리즈는 기초가 약한 학습자들이 일본어 명문들을 즐겁고 효과적으로 읽으며 중급 수준으로 독해력을 발전시키는 것을 목표로 만들었습니다.

어느 정도 일본어의 구조를 익히고 난 초보 학습자가 가장 절실히 느끼는 어려움은 아마도 자연스런 일본어 표현능력과 어휘력의 부족일 것입니다. 초급에서 단문(短文)의 기본문형 연습만 하다가 갑자기 복문(複文), 중급 문형, 관용구 등이 속출하는 중급 교재로 건너뛰면서 학습에 흥미를 잃고 마는 것이 지금까지 일반 학습자들이 밟아온 전철이었기 때문입니다.

그런 점에서 현행 일본 초등학교 국어 교과서에 실린 명문을 비롯한 옛날이야기, 만담, 신화 등 다양한 장르의 이야기들로 구성된『다락원 일한 대역문고』시리즈는 쉽고 재미있게, 정확하고 자연스러운 일본어 문장을 익히는 데 좋은 길잡이가 되어 줄 것입니다.

『다락원 일한 대역문고』시리즈는 사전 없이 편리하게 학습할 수 있도록, 어휘 풀이는 물론 주요 문형에 대한 자세한 해설과 예문을 함께 실었습니다. 본문의 대역은 어휘의 정확한 뜻 전달을 위해 의역(意譯)보다는 직역(直譯)에 가깝도록 했고, 원어민의 정확한 발음으로 녹음된 오디오로 듣기 능력 향상까지 함께 기대할 수 있습니다. 『다락원 일한 대역문고』시리즈로 일본어를 읽고 듣는 재미를 느껴보시기 바랍니다.

여러분의 일본어 학습에 도움이 되기를 바랍니다.

다락원 일한 대역문고 연구회

『다락원 일한 대역문고』 이렇게 보세요

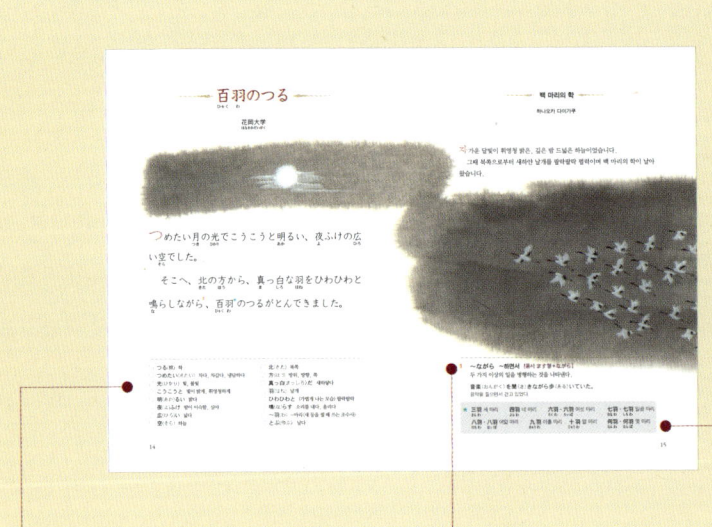

어휘 설명
자세한 해설과 함께, 히라가나로 실린 단어 중 한자를 알아두면 좋은 어휘에는 한자 표기를 병기했습니다.
사진 자료는 어휘 해설에 대한 빠르고 정확한 이해를 도와줍니다.

문형 해설
주요 문형의 뜻풀이와 접속을 예문과 함께 알기 쉽게 정리했습니다.

보충 해설
내용 이해와 문법적인 접속 이해를 도와줍니다.

일러두기
일본어의 한국어 표기는 다음과 같습니다.
장음은 단음으로 표기했습니다. 예 大阪 — 오사카
발음 표기는 로마자 표기의 발음에 따랐습니다. 예 つかう (tsukau) — 츠카우
촉음은 'ㅅ'으로 표기했습니다.

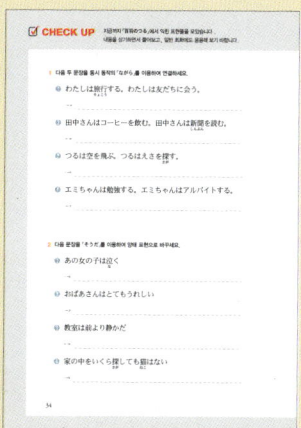

CHECK UP
내용 이해와 더불어 중요 문형에 대한 학습이 깊어집니다.

 MP3 파일
원어민 성우의 정확한 내레이션으로 듣는 즐거움도 쌓으세요.

문형 접속 해설에 쓰인 활용형의 설명은 다음과 같습니다.
ます형(연용형) — ます가 붙기 이전의 형태
ない형 — ない가 붙기 이전의 형태
て형・た형(과거형) — 각각 て・た가 붙은 형태
な형용사な・명사の — な형용사의 어간에 な가 붙은 형태, 명사에 の가 붙은 형태
동사・い형용사・な형용사의 기본형 — 동사・い형용사는 사전에 실려 있는 형태, な형용사는 어간에 だ가 붙은 형태
보통형 — 기본형, 부정형, 과거형, 과거부정형

목차

⊙ **TRACK 1** 노을이 등을 떠민다
夕日がせなかをおしてくる | 阪田寛夫　　10
ゆう ひ　　　　　　　　　　さか た ひろ お

⊙ **TRACK 2** 백 마리의 학
百羽のつる | 花岡大学　　　　　　　　12
ひゃく わ　　はなおかだいがく

⊙ **TRACK 3** 사과 꽃
りんごの花 | 後藤竜二　　　　　　　　36
　　　はな　　ご とうりゅう じ

◎ **TRACK 4** 서커스의 사자
サーカスのライオン | 川村たかし
かわむら
72

◎ **TRACK 5** 모자에 가득찬 버찌
ぼうしいっぱいの
さくらんぼ | 花岡大学
はなおかだいがく
114

CHECK UP 해답   134

일본 초등학교 3학년 국어 교과서선

日本の小学校3年生の国語教科書選

夕日がせなかをおしてくる

阪田寛夫
さかたひろお

夕日がせなかをおしてくる[1]

まっかなうででおしてくる

歩くぼくらのうしろから

でっかい声でよびかける

　さよなら　さよなら

　さよなら　きみたち

　ばんごはんがまってるぞ

　あしたの朝ねすごすな[2]

- 夕日(ゆうひ) 노을, 석양
- せなか(背中) 등
- おす(押す) 밀다
- まっかだ(真っ赤だ) 새빨갛다
- うで 팔
- 歩(ある)く 걷다
- ぼくら 우리들〈남성어, ら는 복수를 나타냄〉
- うしろ(後ろ) 뒤
- ～から ~부터, ~에서 ↔ ～まで 까지
- でっかい 크다〈でかい의 힘줌말〉
- 声(こえ) 목소리
- よびかける(呼びかける) 부르다, 말을 걸다, 호소하다
- きみ(君)たち 너희들, 자네들
- ばんごはん(晩ご飯) 저녁밥
- まってる(待ってる) 기다리고 있다〈待っている의 축약형〉
- ～ぞ　~다, ~거야〈다짐, 판단, 강한 주장을 나타냄〉
- ねすごす(寝過ごす) 늦잠 자다

노을이 등을 떠민다

사카다 히로오

노을이 등을 떠민다
새빨간 팔로 떠민다
걸어가는 우리들 뒤에서
커다란 소리로 외친다
　잘가 잘가
　안녕 너희들
　저녁밥이 기다리고 있단다
　내일 아침 늦잠 자지 마

---

1. **〜てくる　〜해 오다**　[동사 て형+くる]
   어떤 일이 기준 시점에 점점 가까워지는 변화나 계속 진행되어 온 것을 나타낸다.
   〜てきた의 형태로 어떤 상태가 되기 시작한 것을 나타낸다.

   世界(せかい)の人口(じんこう)は、年々(ねんねん)増加(ぞうか)してきた。
   세계 인구는 해마다 증가해 왔다.
   雨(あめ)が降(ふ)ってきた。 비가 내리기 시작했다.

2. **〜な　〜(하)지 마, 〜(하)지 마라**　[동사 기본형+な]
   강한 금지를 나타내는 말로 동사나 조동사의 기본형에 접속한다.

   こっちへ来るな。 이쪽으로 오지 마.

夕日がせなかをおしてくる

そんなにおすなあわてるな

ぐるりふりむき太陽に

ぼくらも負けずどなるんだ

さよなら　さよなら

さよなら　太陽

ばんごはんがまってるぞ

あしたの朝ねすごすな

- そんなに 그렇게
- あわてる(慌てる) 당황하다, 몹시 서두르다
- ぐるり (한 바퀴 도는 모양) 빙, 휙
- ふりむく 뒤돌아보다, 관심을 보이다
- 太陽(たいよう) 태양
- 負(ま)ける 지다, 패배하다
- どなる 소리치다, 고함치다, 호통치다

노을이 등을 떠민다
그렇게 밀지 마 서두르지 마
빙글 돌아다보는 태양에게
우리도 지지 않고 소리친다
　잘가 잘가
　안녕 해님
　저녁밥이 기다리고 있단다
　내일 아침 늦잠 자지 마

3　～ず　～(하)지 않고 [동사 ない형+ず]
　　ない의 옛말로, 단정적인 부정을 나타낸다. 단; 불규칙 동사는 する → せず, 来る → 来(こ)ず의 형태가 된다.

　　朝(あさ)ごはんを食(た)べずに学校(がっこう)へ行く人が多(おお)いらしい。
　　아침밥을 먹지 않고 학교에 가는 사람이 많은 것 같다.

百羽のつる

花岡大学

　つめたい月の光でこうこうと明るい、夜ふけの広い空でした。

　そこへ、北の方から、真っ白な羽をひわひわと鳴らしながら、百羽のつるがとんできました。

- □ つる(鶴) 학
- □ つめたい(冷たい) 차다, 차갑다, 냉담하다
- □ 光(ひかり) 빛, 불빛
- □ こうこうと 빛이 밝게, 휘영청하게
- □ 明(あか)るい 밝다
- □ 夜(よ)ふけ 밤이 이슥함, 심야
- □ 広(ひろ)い 넓다
- □ 空(そら) 하늘
- □ 北(きた) 북쪽
- □ 方(ほう) 방위, 방향, 쪽
- □ 真っ白(まっしろ)だ 새하얗다
- □ 羽(はね) 날개
- □ ひわひわと (가볍게 나는 모습) 팔락팔락
- □ 鳴(な)らす 소리를 내다, 울리다
- □ ～羽(わ) ～마리〈새 등을 셀 때 쓰는 조수사〉
- □ とぶ(飛ぶ) 날다

백 마리의 학

하나오카 다이가쿠

차가운 달빛이 휘영청 밝은, 깊은 밤 드넓은 하늘이었습니다.
　그때 북쪽으로부터 새하얀 날개를 팔락팔락 펄럭이며 백 마리의 학이 날아왔습니다.

1 ～ながら　～하면서 [동사 ます형+ながら]
두 가지 이상의 일을 병행하는 것을 나타낸다.

音楽(おんがく)を聞(き)きながら歩(ある)いていた。
음악을 들으면서 걷고 있었다.

* | 三羽 세 마리
さんわ | 四羽 네 마리
よんわ | 六羽・六羽 여섯 마리
ろくわ　ろっぱ | 七羽・七羽 일곱 마리
ななわ　しちわ |
| 八羽・八羽 여덟 마리
はちわ　はっぱ | 九羽 아홉 마리
きゅうわ | 十羽 열 마리
じゅうわ | 何羽・何羽 몇 마리
なんわ　なんぱ |

百羽のつるは、みんな同じ速さで、白い羽を、ひわひわと動かしていました。首をのばしてゆっくりゆっくりととんでいるのは、つかれているからでした。

なにせ、北のはてのさびしい氷の国から、昼も夜も休みなしに、とびつづけて²きたのです。

- 同(おな)じ 동일함, 같음
- 速(はや)さ 속도
- 白(しろ)い 희다, 하얗다
- 動(うご)かす 움직이다
- 首(くび) 목
- のばす(伸ばす) 늘이다, 늘리다, 신장시키다
- ゆっくり 천천히
- つかれる(疲れる) 지치다, 피곤하다
- ～から ～(이)므로, ～(이)니까
- なにせ 어쨌든, 여하튼, 워낙
- はて(果て) 끝
- さびしい 외롭다, 쓸쓸하다
- 氷(こおり) 얼음
- 国(くに) 나라
- 昼(ひる) 낮
- 夜(よる) 밤
- 休(やす)み 휴식, 휴가, 쉼
- ～なし ～없음
- ～のだ ～한 것이다〈이유, 원인 등을 설명하거나 단정적으로 나타냄〉

백 마리의 학은 모두 같은 속도로 흰 날개를 하늘하늘 움직이고 있었습니다. 목을 늘어뜨리고 천천히 천천히 날고 있는 것은 지쳐 있기 때문이었습니다.

여하튼 북쪽 끝에 있는 쓸쓸한 얼음 나라에서 밤낮을 쉬지 않고 계속해서 날아온 것입니다.

2 ~つづける 계속 ~하다 [동사 ます형+つづける]
   동사의 ます형과 결합하여 복합동사를 만들어 동작의 계속을 나타낸다.

   日が暮(く)れるまで歩(ある)きつづけた.   해가 질 때까지 계속 걸었다.

だが、ここまで来れば、行き先はもうすぐでした。楽しんで待ちに待っていた、きれいな湖のほとりに着くことができる のです。

「下をごらん、山脈だよ。」

と、先頭の大きなつるが、うれしそうに言いました。

みんなは、いっせいに下を見ました。

- だが　그렇지만, 하지만
- 来(く)れば　오면, 온다면 〈来る의 가정형〉
- 行(ゆ)き先(さき)　행선지, 목적지
- もうすぐ　이제 곧, 금방
- 楽(たの)しむ　즐기다, 좋아하다
- 待(ま)ちに待つ　몹시 기다리다
- きれいだ　아름답다, 깨끗하다
- 湖(みずうみ)　호수
- ほとり　근처, 부근, 곁
- 着(つ)く　도착하다
- ごらん　보세요, 보렴 〈ごらんなさい의 준말〉
- 山脈(さんみゃく)　산맥
- 先頭(せんとう)　선두, 맨 앞
- 大(おお)きな　큰, 커다란
- うれしい(嬉しい)　기쁘다
- いっせいに(一斉に)　일제히

하지만 여기까지 오면 목적지는 이제 얼마 남지 않았습니다. 기대하며 몹시 기다렸던 아름다운 호수 근처에 도착할 수 있기 때문입니다.

"아래를 봐, 산맥이다."

하고 선두에 선 커다란 학이 기쁜 듯 말했습니다.

모두는 일제히 아래를 보았습니다.

3 ～ことができる ～할 수 있다 [동사 기본형＋ことができる]
동사의 기본형에 접속하여 가능을 나타낸다.

社長(しゃちょう)のことばは、忘(わす)れることができません。
사장님의 말은 잊을 수 없습니다.

4 ～そうだ ～한(할) 것 같다 [동사 ます형, い형용사·な형용사의 어간＋そうだ]
성질이나 상태를 외견상 판단해서 추측한 것을 나타낸다. ない는 なさそうだ (없는 것 같다), よい는 よさそうだ (좋을 것 같다)로 활용하는 데 유의하자.

雨(あめ)が降(ふ)りそうです。 비가 올 것 같아요.

黒々と、一面の大森林です。雪をかむった高いみねだけが、月の光をはね返して、はがねのように光っていました。

「もう、あとひと息だ。みんな、がんばれよ。」

百羽のつるは、目をきろきろと光らせながら、つかれた羽に力をこめて、しびれるほどつめたい夜の空気をたたきました。

- □ 黒々(くろぐろ) 매우 검은 모양
- □ 一面(いちめん) 한 면, 전면, 온통
- □ 大森林(だいしんりん) 큰 삼림, 큰 숲
- □ 雪(ゆき) 눈
- □ かむる(被る) 덮어쓰다
- □ みね(峰) 봉우리
- □ ～だけ (한정·한도) ~만, ~뿐
- □ はね返(かえ)す 되받아치다, 물리치다
- □ はがね 강철
- □ 光(ひか)る 빛나다
- □ ひと息(いき) 한 번의 숨, 잠깐 쉼, 쉬지 않고 한번에 함
- □ がんばる 견디며 버티다, 끝까지 노력하다
- □ きろきろ 눈을 돌려 사물을 보는 모양, 번적번적
- □ 力(ちから)をこめる 힘을 주다(기울이다)
- □ しびれる 저리다, 마비되다
- □ ～ほど ~정도로, ~쯤, ~만큼
- □ 空気(くうき) 공기
- □ たたく(叩く) 두드리다, 치다, 떨다

칠흙같이 어두운 숲 일대입니다. 눈을 덮어쓴 높은 봉우리만이 달빛을 반사해서 강철같이 빛나고 있었습니다.

"이제 얼마 남지 않았어. 모두 힘내!"

백 마리의 학은 눈을 번적번적 빛내며, 지친 날개에 힘을 모아 저릴 정도로 찬 밤공기를 두드렸습니다.

5 　～ようだ ～ように, ～같다 [동사・い형용사 보통형, 명사の +ようだ]
비유・비교를 나타내는 표현이다.
　魔法(まほう)のように見(み)えた。 마법처럼 보였다.

それで、とび方は、今までよりも少しだけ速くなりました[6]。もう、後が知れているからです。のこりの力を出しきって、ちょっとでも早く、湖に着きたい[7]のでした。

　すると、その時、いちばん後ろからとんでいた、小さな子どものつるが、下へ下へと落ち始めました。

　子どものつるは、みんなにないしょにしていましたが、病気だったのです。ここまでついてくるのも、やっとでした。

- ~方(かた) (동사의 ます형 뒤에서) ~하는 방법
- 今(いま)まで 지금까지, 이제까지
- ~より ~보다
- 速(はや)い 빠르다
- 後(あと)が知(し)れている 이미 알고 있다
- のこり(残り) 남은 물건, 나머지
- 出(だ)しきる 남김없이 다 내다
- 早(はや)く 빨리, 일찍이
- すると 그랬더니, 그러자, 그러면
- 小(ちい)さな 작은
- 子(こ)ども 아이, 어린애
- 落(お)ちる 떨어지다
- ~始(はじ)める (동사의 ます형에 붙어) ~(하)기 시작하다
- ないしょ(内緒) 비밀
- 病気(びょうき) 병, 질환
- ついてくる 따라오다
- やっと 겨우, 간신히, 가까스로

　그래서 나는 것이 이제까지보다도 조금 빨라졌습니다. 이미 다음이 어떻게 될지 알기 때문입니다. 남은 힘을 모두 써서 조금이라도 빨리 호수에 도착하고 싶은 것이었습니다.

　그런데, 그때 맨 뒤에서 날고 있던 작고 어린 학이 아래로 아래로 떨어지기 시작했습니다.

　어린 학은 모두에게 비밀로 하고 있었습니다만, 병이 들었던 것입니다. 여기까지 따라온 것도 겨우 온 것이었습니다.

6　**～くなる(～になる)　～(해)지다, ～이(가) 되다**
[い형용사 어간+くなる, な형용사 어간・명사+になる]
상태의 변화를 나타낸다.

問題(もんだい)がだんだん難(むずか)しくなった。 문제가 점점 어려워졌다.

早(はや)く元気(げんき)になって学校(がっこう)へ来てね。
어서 건강해져서 학교에 와.

7　**～たい　～(하)고 싶다**　[동사 ます형+たい]
자신이나 상대방의 희망을 나타낸다.

家(いえ)に帰(かえ)りたいよ。 집에 가고 싶어.

みんなが、少しばかり速くとび始めたので、子どものつるは、ついていこうとして[8]、死(し)にものぐるいでとびました。

それがいけなかったのです。

あっという間(ま)に、羽が動(うご)かなくなってしまい、すいこまれるように、下へ落ち始めました。

- ～ばかり ～가량, ～쯤, ～정도
- ～ので ～(이)므로, ～(이)기 때문에
- ついていく 따라가다
- 死(し)にものぐるい 필사적임
- いけない 좋지 않다, 나쁘다
- あっという間(ま)に 순식간에
- 動(うご)く 움직이다
- すいこむ(吸い込む) 빨아들이다, 흡입하다

모두가 조금 빨리 날기 시작한 탓에 어린 학은 따라가려고 필사적으로 날았습니다.

그것이 좋지 않았던 것입니다.

눈 깜짝할 사이에 날개가 움직이지 않게 되어서 빨려 들어가듯이 아래로 떨어지기 시작했습니다.

8 　~(よ)うとする　~(하)려고 하다　[동사 의지형+とする]
　　의지나 행동 직전의 상태를 나타낸다.

　　日本の大学に入(はい)ろうとする。 일본의 대학에 들어가려고 한다.
　　なるべく早(はや)く行こうと思います。 되도록이면 빨리 가려고 합니다.

だが、子どものつるは、みんなに助(たす)けをもとめようとは思(おも)いませんでした。もうすぐだとよろこんでいるみんなのよろこびを、こわしたくなかったからです。

だまってぐいぐいと落ちながら、小さなつるは、やがて、気(き)をうしなってしまいました。[9]

- 助(たす)け 도움, 구조, 요청
- もとめる(求める) 구하다, 청하다, 바라다
- よろこぶ(喜ぶ) 기뻐하다, 즐거워하다, 좋아하다
- よろこび(喜び) 기쁨, 환희
- こわす(壊す) 부수다, 허물다, 깨뜨리다
- だまる(黙る) 입을 다물다, 소리를 내지 않다, 가만히 있다
- ぐいぐい (거침없이 진행하는 모양) 죽죽, 척척
- やがて 이윽고, 머지않아, 결국은
- 気(き)をうしなう(気を失う) 정신을 잃다

하지만 어린 학은 모두에게 도움을 청하려고는 생각하지 않았습니다. 이제 얼마 남지 않았다고 기뻐하는 모두의 기쁨을 깨뜨리고 싶지 않았기 때문입니다.

말없이 주~욱 떨어지면서 어린 학은 결국 정신을 잃고 말았습니다.

9　**～てしまう　~해 버리다, ~(하)고 말다** [동사 て형+しまう]
동작이 완전히 끝나거나 본인의 의지와 무관하게 일이 그렇게 되어 유감임을 나타낸다.

　　おぼえてもすぐ忘(わす)れてしまう。 외워도 금방 잊어버린다.
　　道(みち)が込(こ)んでいて 3 時間(じかん)もかかってしまった。
　　길이 막혀 3시간이나 걸려 버렸다.

こどものつるの落ちるのを見つけて、そのすぐ前をとんでいたつるが、するどく鳴きました。

　すると、たちまち、大へんなことが起こりました。前をとんでいた九十九羽のつるが、いっせいに、さっと、下へ下へと落ち始めたのです。子どものつるよりも、もっと速く、月の光をつらぬいてとぶ銀色の矢のように速く落ちました。

- 見(み)つける　발견하다, 찾다
- するどい　날카롭다
- 鳴(な)く　(새・짐승 등이) 울다
- たちまち　금세, 곧, 순식간에
- 大(たい)へんだ　큰일이다, 대단하다, 굉장하다
- 起(お)こる　일어나다, 발생하다
- さっと　(갑자기) 휙, 쏴, 잽싸게, 순식간에
- つらぬく(貫く)　꿰뚫다, 가로지르다
- 銀色(ぎんいろ)　은색, 은빛
- 矢(や)　화살

어린 학이 떨어지는 것을 발견하고, 바로 그 앞을 날고 있던 학이 날카롭게 울었습니다.

그러자 순식간에 굉장한 일이 벌어졌습니다. 앞을 날고 있던 아흔아홉 마리의 학이 일제히 재빨리 아래로 아래로 떨어지기 시작했던 것입니다. 어린 학보다도 더욱 빨리 달빛을 가로질러 나는 은빛 활처럼 빠르게 떨어졌습니다.

そして、落ちていく〔10〕子どものつるを追いぬくと、黒々とつづく大森林の真上のあたりで、九十九羽のつるは、さっと羽を組んで、一まいの白いあみとなったのでした。

　すばらしい九十九羽のつるの曲芸は、みごとに、あみの上に子どものつるを受け止めると、そのまま空へまい上がりました。

- 追(お)いぬく　앞지르다, 추월하다, 뛰어넘다
- つづく(続く)　이어지다, 계속하다
- 真上(まうえ)　바로 위
- あたり(辺り)　주변, 주위, 근처
- 組(く)む　짜다, 엇걸다, 꼬다
- ～まい(枚)　(얇고 평평한 것을 세는 단위) ~장
- あみ(網)　그물
- すばらしい　매우 훌륭하다, 굉장하다, 멋지다
- 曲芸(きょくげい)　곡예
- みごとだ(見事だ)　훌륭하다, 멋지다, 뛰어나다
- 受(う)け止(と)める　받다, 받아들이다
- そのまま　본래대로, 그대로
- まい上(あ)がる　(춤을 추듯) 올라가다, 오르다

그리고 떨어져 가는 어린 학을 앞질러 가자 칠흑처럼 이어지는 큰 숲 바로 위 부근에서 아흔아홉 마리의 학은 재빠르게 날개를 엮어 한장의 흰 그물이 되었습니다.

놀라운 아흔아홉 마리 학의 곡예는 멋지게 그물 위에 어린 학을 받아들자 그대로 하늘로 날아올랐습니다.

---

10 ~ていく ~해 가다 [동사 て형+いく]
　어느 시점 이후로 일이 지속적으로 변화해가거나 현 위치에서 멀어져가는 것을 나타낸다.

　　階段(かいだん)を上(あ)がっていった。 계단을 올라갔다.
　　だんだん涼(すず)しくなっていきます。 점점 시원해져 갑니다.

気をうしなった子どものつるを長い足でかかえた、先頭のつるは、何事もなかったように、みんなに言いました。

「さあ、元のようにならんで、とんでいこう。もうすぐだ。がんばれよ。」

こうこうと明るい、夜ふけの空を、百羽のつるは、真っ白な羽をそろえて、ひわひわと、空のかなたへ、しだいに小さく消えていきました。

- かかえる(抱える) 안다, 감싸 쥐다, 껴안다
- 何事(なにごと)も 아무 일도
- 元(もと)のように 처음처럼, 원래대로
- ならぶ(並ぶ) 줄을 서다, 늘어서다, 나란히 서다
- そろえる 고루 갖추다, 맞추다, 일치시키다
- かなた(彼方) 저편, 저쪽, 저기
- しだいに(次第に) 점차, 차츰
- 消(き)える 사라지다, 없어지다

정신을 잃은 어린 학을 긴 다리로 받아안은 선두의 학은 아무 일도 없었던 것처럼 모두에게 말했습니다.
"자, 원래대로 열을 지어 날아가자. 이제 얼마 남지 않았어. 힘내!"
달빛이 휘영청 밝은 깊은 밤하늘을 백 마리의 학은 새하얀 날개를 가지런히 맞추어 하늘하늘 하늘 저편으로 점점 작게 사라져 갔습니다.

 **CHECK UP**   지금까지 「百羽のつる」에서 익힌 표현들을 모았습니다.
내용을 상기하면서 풀어보고, 일반 회화에도 응용해 보기 바랍니다.

1 다음 두 문장을 동시 동작의 「ながら」를 이용하여 연결하세요.

❶ わたしは旅行する。わたしは友だちに会う。

→ _____

❷ 田中さんはコーヒーを飲む。田中さんは新聞を読む。

→ _____

❸ つるは空を飛ぶ。つるはえさを探す。

→ _____

❹ エミちゃんは勉強する。エミちゃんはアルバイトする。

→ _____

2 다음 문장을 「そうだ」를 이용하여 양태 표현으로 바꾸세요.

❶ あの女の子は泣く

→ _____

❷ おばあさんはとてもうれしい

→ _____

❸ 教室は前より静かだ

→ _____

❹ 家の中をいくら探しても猫はない

→ _____

3 다음을 일본어로 옮겨 보세요.

① 여기까지 따라온 것도 겨우 온 것이었습니다.

→ _____

② 어린 학은 따라가려고 필사적으로 날았습니다.

→ _____

③ 그리고 떨어져 가는 어린 학을 앞질러 갔습니다.

→ _____

④ 우체국에 소포를 가지고 갔다. [郵便局 우체국, 小包 소포]
　　　　　　　　　　　　　　　　ゆうびんきょく　　こづつみ

→ _____

4 다음 중 본문의 내용으로 맞는 것에 ○표, 틀린 것에 ×표를 하세요.

① 百羽のつるは、みんな同じ速さでとんでいった。(　　)

② つるは北の国から昼も夜も休まずにとびつづけてきた。(　　)

③ 子どものつるはみんなに自分が病気であることを話した。(　　)

④ 落ちていく子どものつるをみんなが助けた。(　　)

りんごの花

後藤竜二

1

りんごの木たちは、ふかい雪の中で、しなやかな小えだをのばします。

なまり色の空にむかって、ぴんぴんとつき立った小えだを、父さんと母さんが、パチンパチンとはさみで切っています。

- □ りんご　사과
- □ 花(はな)　꽃
- □ ふかい(深い)　깊다, 짙다
- □ 雪(ゆき)　눈
- □ しなやかだ　부드럽다, 나긋나긋하다
- □ 小(こ)えだ　작은 가지, 잔가지
- □ のばす(伸ばす)　펴다, 늘리다
- □ なまり色(いろ)　납빛
- □ むかう(向かう)　향하다
- □ ぴんぴんと　(원기가 넘치는 모양) 팔팔하게
- □ つき立(た)つ　뾰족하게 돋아나다
- □ パチンパチン　(가위로 자르는 소리) 싹둑싹둑
- □ はさみ　가위
- □ 切(き)る　자르다

사과 꽃

고토 류지

1

사과나무들은 깊은 눈 속에서 연약한 어린 가지를 뻗어갑니다.

납빛 하늘을 향해 쑥쑥 돋아난 잔가지를 아버지와 어머니가 싹둑싹둑 가위로 자르고 있습니다.

1 〜ている 〜(하)고 있다 [타동사 て형+いる]
타동사에 접속하여 동작의 진행을 나타낸다.

彼(かれ)は 歌(うた)を 歌っています。 그는 노래를 부르고 있습니다.

せんていというしごとです。

「行ってきまあす。」

お兄ちゃんとぼくと妹は、りんごの小えだでちゃんばらごっこをしながら、学校に通います。

2

ぼくらは学校が大すきでした。

いつも朝早く登校して、夕方のおそくまで、学校であそんできました。

- [ ] せんてい 가지치기
- [ ] ～という ～라고 하는
- [ ] しごと(仕事) 일
- [ ] ちゃんばらごっこ 칼 싸움놀이
- [ ] 学校(がっこう) 학교
- [ ] 通(かよ)う 다니다, 왕래하다, 오가다
- [ ] 大(だい)すきだ 매우 좋아하다
- [ ] 朝早く(あさはやく) 아침 일찍
- [ ] 登校(とうこう) 등교
- [ ] 夕方(ゆうがた) 해질녘, 저녁때
- [ ] おそくまで(遅くまで) 늦게까지
- [ ] あそぶ(遊ぶ) 놀다

가지치기라고 하는 일입니다.
"다녀오겠습니다~."
형과 나와 여동생은 사과나무 잔가지로 칼 싸움놀이를 하면서 학교에 다닙니다.

2

우리는 학교를 정말 좋아했습니다.
언제나 아침 일찍 등교해서 저녁 늦게까지 학교에서 놀고 왔습니다.

あそびつかれて家にもどると、地ふぶきの中で、父さんと母さんは、まだパチンパチンとせんていのしごとをしていました。

ぼくらは、あわてて自分のしごとにとりかかりました。

お兄ちゃんは、馬やにわとりのせわです。

妹は、おばあちゃんといっしょに、ばんごはんを作ります。

- もどる(戻る) 되돌아가다, 되돌아오다
- 地(ち)ふぶき 지면에 쌓인 눈이 강풍으로 흩날리는 현상
- 自分(じぶん) 자신, 나
- とりかかる 시작하다, 착수하다, 매달리다
- 馬(うま) 말
- にわとり 닭
- せわ(世話) 보살핌, 도와줌
- おばあちゃん 할머니를 친근하게 부르는 표현
- いっしょ(一緒) 함께함, 같이함
- 作(つく)る 만들다

놀다 지쳐 집에 돌아오니, 쌓인 눈이 흩날리고 있는 속에서 아버지와 어머니는 아직도 싹둑싹둑 가지 치는 일을 하고 있었습니다.

우리는 부랴부랴 자기 일을 하기 시작했습니다.

형은 말이랑 닭을 보살피는 일을 합니다.

여동생은 할머니와 함께 저녁밥을 짓습니다.

ぼくのしごとは、ふろたきです。

ふろのたきぎは、去年のりんごの小えだです。

3

春休みになると、なまり色の空が青いガラスのようにすきとおって、白っぽい太陽が、とてもあたたかくかんじられるようになりました[2]。

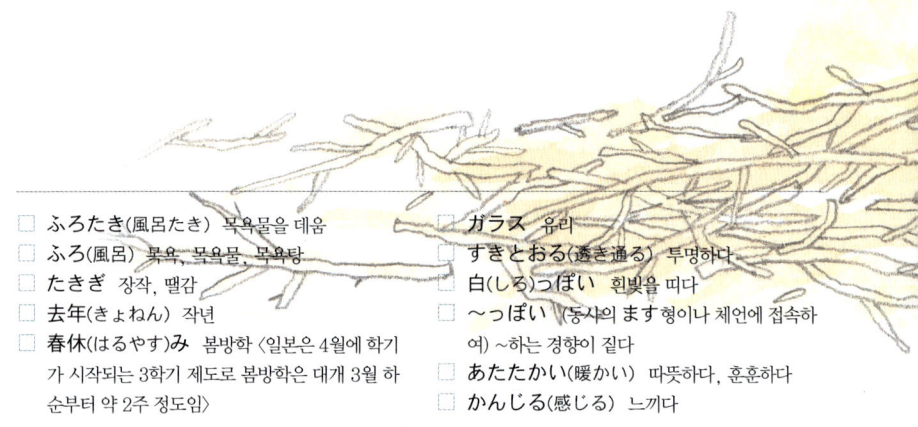

- ふろたき(風呂たき) 목욕물을 데움
- ふろ(風呂) 목욕, 목욕물, 목욕탕
- たきぎ 장작, 땔감
- 去年(きょねん) 작년
- 春休(はるやす)み 봄방학 〈일본은 4월에 학기가 시작되는 3학기 제도로 봄방학은 대개 3월 하순부터 약 2주 정도임〉
- ガラス 유리
- すきとおる(透き通る) 투명하다
- 白(しろ)っぽい 흰빛을 띠다
- ~っぽい (동사의 ます형이나 체언에 접속하여) ~하는 경향이 짙다
- あたたかい(暖かい) 따뜻하다, 훈훈하다
- かんじる(感じる) 느끼다

나의 일은 목욕물 데우기입니다.
목욕물 땔감은 작년 사과나무의 잔가지입니다.

                                    3
　봄방학이 되자 납빛 하늘이 파란 유리처럼 투명해져서, 흰빛을 띤 태양이 매우 따뜻하게 느껴지게 되었습니다.

2　**～ようになる　～(하)게 되다** [동사 기본형+ようになる]
　　상태의 변화를 나타내는 표현이다.
　　一ヶ月(いっかげつ)かかってやっと彼女と付(つ)き合(あ)うようになった。
　　한 달이 걸려 겨우 그녀와 사귀게 되었다.

父さんと母さんは、二人っきりで、百本のりんごの木のせんていをおわらせ*てしまいました。
　「あったかくなってきたから、えだ拾い、たのむぞ。」
と、父さんにたのまれたのに*、ぼくらはさっぱり手つだいもしないで、スキーをしたり、雪のしろを作ったりして、あそび回っていました。

- ~きり　~뿐, ~만
- ~本(ほん)　~그루, ~자루 〈연필 등 가늘고 긴 것을 셀 때 씀〉
- おわらせる　끝내게 하다 〈おわる의 사역형〉
- あったかい　따뜻하다 〈あたたかい의 회화체〉
- えだ拾(ひろ)い　가지줍기
- たのむ(頼む)　부탁하다, 의뢰하다
- たのまれる　부탁받다 〈たのむ의 수동형〉
- さっぱり　산뜻한, (부정어와 같이) 전혀, 완전히
- 手(て)つだい(手伝い)　도와줌, 거듦
- スキーをする　스키를 타다
- しろ(城)　성
- あそび回(まわ)る(遊び回る)　놀며 돌아다니다

아버지와 어머니는 두 분이서 백 그루의 사과나무 가지치기를 끝내 버렸습니다.

"따뜻해졌으니까 가지줍기 부탁한다."

하고 아버지가 부탁했는데도 우리들은 전혀 돕지도 않고, 스키를 타기도 하고 눈으로 성을 만들기도 하며 놀러 돌아다녔습니다.

3 ~たり~たりする ~(하)거나 ~(하)거나 하다 [동사 た형+リ]
두 가지 이상의 동작을 나열하는 경우에 쓰인다.

テレビを見(み)たり、パソコンをしたりします。
TV를 보거나 컴퓨터를 하거나 합니다.

> ★ 동사 사역형 만들기
> 남에게 어떤 동작을 ~하게 하다, 시키다
>
> 1그룹 동사   어미를 ア단으로 바꾸고 せる를 붙인다.
>   書く→書かせる   読む→読ませる
>
> 2그룹 동사   어미 る를 させる로 바꾼다.
>   見る→見させる   食べる→食べさせる
>
> 불규칙 동사   する→させる   来る→来(こ)させる
>
> ★ ~のに ~인데, ~한데
> 원망, 불만, 의외의 뜻을 나타내는 접속사이다. 뒤에는 기대에 반하거나 앞의 내용과 반대되는 일이 이어진다.
>
> 一生懸命(いっしょうけんめい)に働(はたら)いているのに、少(すこ)しもお金がたまりません。 열심히 일하는데 조금도 돈이 모이지 않습니다.

4

そんなある日の朝でした。

「かた雪だぞ！」

お兄ちゃんがさけんでいました。

ぼくらがあわてておもてにとび出すと、きらきらと朝日にかがやく雪野原を、お兄ちゃんが犬の*クマといっしょに走り回っていました。

「かた雪だ！」

「かた雪だ！」

ぼくらも、クマとお兄ちゃんを追いかけて、走り回りました。

- かた雪(ゆき) 얼어붙어 단단해진 눈
- さけぶ(叫ぶ) 외치다, 소리 지르다
- おもて(表) 앞면, 겉, 바깥쪽
- とび出(だ)す(飛び出す) 뛰어나오다, 뛰어나가다
- きらきらと 반짝반짝
- かがやく(輝く) 빛나다, 반짝이다
- 雪野原(ゆきのはら) 설원, 눈 벌판
- 走(はし)り回(まわ)る 여기저기 뛰어다니다
- 追(お)いかける 뒤쫓아가다, 추적하다

4

　그러던 어느 날 아침이었습니다.
　"눈이 단단하게 얼었다!"
형이 외쳤습니다.
　우리가 허둥지둥 밖으로 뛰어나갔더니, 반짝반짝 아침 해를 받아 빛나는 설원을 형이 개 쿠마와 함께 뛰어다니고 있었습니다.
　"눈이 얼었다!"
　"눈이 얼었어!"
　우리도 쿠마와 형을 쫓아서 뛰어다녔습니다.

* **조사 の의 동격 용법 : ~인, ~라는**
　社長(しゃちょう)の山田(やまだ)さん　사장인 야마다 씨

かたくしばれあがった雪野原は、いくらとびはねても、びくともしません。どこまでもどこまでも、歩いていけます。遠くにかすんでいる青いピンネシリの山までも、かんたんに行けそうな気がします。
「ええ、どこまでもどこまでも行くたんけんたいをけっせいします。」
おほんと、お兄ちゃんがむねをはりました。

- かたい(固い) 단단하다, 튼튼하다
- しばれる 얼어붙다, 몹시 추워지다
- ～あがる (동사의 ます형에 접속하여) 아주 ～하다, 완전히 ～하다
- いくら～ても 아무리 ～해도, 아무리 ～(하)더라도
- とびはねる 날듯이 뛰어 오르다, 날뛰다
- びくとも 꿈쩍도 하지 않는 모양
- 遠(とお)く 멀리
- かすむ 안개가 끼다, 흐릿하게 보이다
- かんたんだ(簡単だ) 간단하다
- ええ (말을 꺼낼 때 망설임) 저기, 저
- 行(い)ける 갈 수 있다
- 気(き)がする 기분(느낌)이 들다
- たんけんたい(探検隊) 탐험대
- けっせい(結成) 결성
- おほんと (헛기침하는 모양) 에헴
- むねをはる(胸を張る) 가슴을 펴다

단단하게 꽁꽁 얼어붙은 설원은 아무리 날듯이 뛰어 올라도 꿈쩍도 하지 않습니다. 어디까지라도 어디까지라도 걸어서 갈 수 있습니다. 멀리 희미하게 보이는 파란 핀네시리산까지도 간단히 갈 수 있을 것 같은 기분이 듭니다.
"자~, 어디까지라도 어디까지라도 가는 탐험대를 결성하겠습니다."
에헴 하면서 형이 가슴을 폈습니다.

> *** 동사 가능형 만들기**
>
> 1 그룹 동사　어미를 エ단으로 바꾼 다음 る를 붙인다.
> 　　　　　　書く→書ける　　読む→読める
>
> 2 그룹 동사　어미 る를 떼고 られる를 붙인다.
> 　　　　　　見る→見られる　食べる→食べられる
>
> 불규칙 동사　する→できる　　来る→来(こ)られる

ぼくらは朝ごはんを食べると⁴すぐに、スキーで出発することにしました。⁵目的地は、ピンネシリの山です。

それなのに、

「りんごのえだ拾い、たのむぞ。かた雪で、しごとも楽だからな。」

と、父さんに言われてしまいました。

- 朝(あさ)ごはん 아침밥
- すぐに 곧, 즉시, 금방
- 出発(しゅっぱつ)する 출발하다
- 目的地(もくてきち) 목적지
- それなのに 그런데도, 그럼에도 불구하고
- 楽(らく)だ 편안하다, 쉽다
- ～な ～(하)구나〈가벼운 영탄・감동을 나타냄〉

우리는 아침밥을 먹으면 곧바로 스키를 타고 출발하기로 했습니다. 목적지는 핀네시리산입니다.

그랬는데,

"사과나무 가지줍기, 부탁한다. 눈이 얼어서 일하기 쉬울 테니까."

라는 아버지의 말씀을 듣고 말았습니다.

4 ～と ～(하)면 [동사・い형용사・な형용사의 기본형, 명사だ+と]

자연의 법칙, 불변의 진리를 나타내거나, 뒤의 내용이 반드시 성립하는 경우의 조건을 나타낼 때 쓴다. 뒤에는 권유, 명령, 허가, 금지 등의 표현을 쓸 수 없다.

宿題(しゅくだい)をしないと、先生にしかられる。
숙제를 안 하면 선생님에게 야단맞는다.

この道(みち)を右(みぎ)に曲(ま)がると、白(しろ)いビルが見(み)えます。
이 길을 오른쪽으로 돌면 하얀 빌딩이 보입니다.

5 ～ことにする ～(하)기로 하다 [동사 기본형+ことにする]

말하는 사람의 결심이나 의지에 따라 결정된 사항, 일을 나타낸다.

あしたから運動(うんどう)をすることにしました。
내일부터 운동을 하기로 했습니다.

5

「どこまでもどこまでも行くたんけんたい」は、あっというまにかいさんです。

ぼくらはぶつぶつもんくを言いながら、りんごの小えだを拾いあつめました。拾っても拾っても、小えだは、はてしもなくちらばっています。

お昼ごはんを食べてからも、えだ拾いです。

夕方になっても、まだ、もくもくと、えだ拾いです。

- かいさん(解散) 해산
- ぶつぶつ 투덜투덜
- もんく(文句)を言(い)う 불평하다
- あつめる(集める) 모으다
- ～ても ～해도
- はてしもなく(果てしもなく) 끝도 없이
- ちらばる(散らばる) 흩어지다, 띄엄띄엄 흩어지다
- お昼(ひる)ごはん 점심밥
- もくもくと(黙々と) 묵묵히

5

'어디라도 어디라도 가는 탐험대'는 순식간에 해산입니다.

우리들은 투덜투덜 불평하면서 사과나무의 잔가지를 주워 모았습니다. 주워도 주워도 잔가지는 끝없이 흩어져 있었습니다.

점심밥을 먹고 나서도 가지를 주웠습니다.

저녁 무렵이 되어도 여전히 묵묵히 가지줍기를 합니다.

6 ~てから ~(하)고 나서 [동사 て형+から]
앞의 일이 완전히 끝난 후 다음 동작을 하는 것을 나타낸다.
　宿題(しゅくだい)をしてから遊(あそ)びなさい。 숙제를 하고 나서 놀아라.

「つめたいよう。」

妹が、こちんこちんにこごえた手ぶくろをかんで、なきはじめました。

「もうちょっとのしんぼうだよ。すぐにあったかくなるからね。」

母さんがあたたかいいきをはきかけながら、妹の手をごしごしとこすってやりました[7]。

「ちぇっ、あまえちゃってえ。」

ぼくとお兄ちゃんは、ぜんぜんつめたくない[8]ようなふりをして、がんばりました。

- こちんこちん （딱딱하게 굳어가는 모양) 꽁꽁
- こごえる(凍える) 얼다, 얼어붙다, 추위로 몸에 감각이 없어지다
- 手(て)ぶくろ 장갑
- かむ(噛む) 물다, 깨물다, 악물다
- なきはじめる(泣き始める) 울기 시작하다
- しんぼう(辛抱) 참음, 참고 견딤
- いき(息) 숨, 호흡
- はきかける 불기 시작하다 〈はく의 ます형 + かける〉
- ごしごし (문지르거나 비비는 소리나 모양) 북북, 쓱쓱
- こする(擦る) 문지르다, 비비다
- あまえる(甘える) 어리광 부리다
- ～ちゃう ～해 버리다 〈～てしまう의 회화체〉
- ～ふりをする ～(하는) 척하다

"추워."
여동생이 꽁꽁 얼어붙은 장갑을 입에 물고 울기 시작했습니다.
"조금만 더 참으면 돼. 금방 따뜻해질 테니까."
어머니가 따뜻한 입김을 불어주면서 여동생의 손을 쓱쓱 비벼주었습니다.
"쳇, 어리광이나 부리고."
나와 형은 전혀 춥지 않은 척하고 열심히 했습니다.

7 ～てやる ～해 주다 [동사 て형＋やる]
자신보다 아랫사람이나 또래에게 '무엇을 해주다'라는 뜻을 나타낸다.

弟(おとうと)にカレーライスを作(つく)ってやった。
남동생에게 카레라이스를 만들어 주었다.

8 ぜんぜん～ない 전혀 ～하지 않다
ぜんぜん 뒤에 부정 표현이 와서 '전혀 ～하지 않다'라는 뜻을 나타낸다.

12月なのに、ぜんぜん寒(さむ)くないね。 12월인데 전혀 춥지 않네.

6

　拾いあつめた小えだは、馬そりにつみ上げて、ふろ場のわきまで運びます。

　「ほらよっ。」

と、妹を小えだの山の上にほうりあげると、いきおいよく馬そりをおして、ぼくらもぱっととびのります。いきおいのついた馬そりは、スキーのように軽々とすべります。

　小えだの山の上で、妹がキャーキャーはしゃいでいます。

- 馬(うま)そり　말썰매
- つみ上(あ)げる　쌓아 올리다, 다 쌓다
- ふろ場(ば)　목욕탕
- わき　곁, 옆
- 運(はこ)ぶ　운반하다, 옮기다
- ほら　(상대의 주의를 끌 때) (저) 말이야, 이봐, 자
- 山(やま)　산더미, 많이 모인 것
- ほうりあげる　던져 올리다, 던져 얹다
- いきおい(勢い)　기세, 힘, 활기
- ぱっと　(순식간에 일어나는 모양) 갑자기, 한번에
- とびのる(飛び乗る)　뛰어오르다, 뛰어올라 타다
- 軽々(かるがる)と　가뿐히, 거뜬히, 쉽사리
- すべる　미끄러지다
- はしゃぐ　들떠서(신나서) 떠들다

6

　주워 모은 작은 가지는 말썰매에 쌓아 올려, 목욕탕 옆까지 운반합니다.
"자아~."
하며 여동생을 잔가지 더미 위로 던져 올리고, 힘차게 썰매를 밀고 우리도 휙 뛰어올라 탔습니다. 가속이 붙은 썰매는 스키처럼 가볍게 미끄러졌습니다.
　잔가지 더미 위에서 여동생이 캬~캬~ 신이나 떠들었습니다.

ふざけ合ってしごとをしているうちに、日がくれてしまいました。

「つめたいよう。」

と、妹がまた、手ぶくろをかんで、なきはじめました。

「ああ、よくがんばってくれたなあ。」

「ほんとに、たすかったよ。今日はもういいからね。」

父さんと母さんは、ぼくらにれいを言って、二人だけでまたえだ拾いをつづけました。

- ふざけ合(あ)う 서로 왁자지껄 장난치다
- 日(ひ)がくれる 해가 저물다, 날이 저물다
- ～よ ～요, ～야 〈강조・감동을 나타냄〉
- ほんとに 정말로, 굉장히 〈ほんとうに의 줄임말〉
- たすかる(助かる) 살아나다, 도움이 되다
- ～ね ～네(요), ～(하)지? 〈감동・주장・동의・확인・다짐을 나타냄〉
- れい(礼)を言(い)う 감사 인사를 하다

서로 장난치며 일을 하고 있는 사이에 날이 저물고 말았습니다.
"추워."
하고 여동생이 또 장갑을 물고 울기 시작했습니다.
"그래, 열심히 해 주었구나."
"정말 도움이 많이 되었구나. 오늘은 이만하면 됐다."
아버지와 어머니는 우리들에게 고맙다고 말하고, 두분에서 또 가지줍기를 계속했습니다.

9 　~うちに~(하)는 동안에(사이에)
[동사・い형용사 기본형, な형용사な, 명사の＋うちに]
계속되는 어떤 상태나 일이 끝나기 전에 무엇을 하는 것을 나타낸다. 부정 표현은 ~ないうちに이다.

どんなことでも、やっているうちに上手(じょうず)になる。
어떤 것이든 하고 있는 사이에 잘하게 된다.

7

「おい、行くぞ。」

お兄ちゃんが、声をひそめて言いました。

「どこまでもどこまでも行くたんけんたいは、ふめつなのだ。」

すっかり日がくれたのに、これからたんけんに行くというのです。

きっと、しかられるにちがいありません[10]。

でも、かた雪の日なんて、めったにありません。どこまでもどこまでも行ける日なんて、もう、これっきりかもしれない[11]のです。

- おい 어이, 이봐
- ひそめる 숨기다, 감추다, (소리를) 낮추다
- ふめつ(不滅) 불멸
- すっかり 완전히, 아주
- これから 이제부터
- きっと 꼭, 반드시, 틀림없이
- しかる 꾸짖다, 나무라다
- ～なんて ～라는 등, ～따위
- めったに ～ない 좀처럼 ～하지 않다
- これっきり (これきり의 강조) 이번뿐

7

"야, 간다."
형이 목소리를 낮추어 말했습니다.
"어디까지라도 어디까지라도 가는 탐험대는 없어지지 않아."
완전히 날이 저물었는데도 지금 탐험을 하러 간다고 하는 것입니다.
틀림없이 꾸중 들을 것입니다.
하지만, 눈이 얼어붙어 단단해지는 날이란 좀처럼 없습니다. 어디까지라도 어디까지라도 갈 수 있는 날이란 이제 오늘뿐일지도 모릅니다.

---

10 ～にちがいない ～임에 틀림없다
[동사・い형용사의 보통형, な형용사 어간, 명사＋にちがいない]
말하는 사람의 주관적인 확신을 나타낸다.

あの人(ひと)は日本人(にほんじん)にちがいない。 저 사람은 일본인이 틀림없다.

11 ～かもしれない ～(일)지도 모른다
[동사・い형용사의 보통형, な형용사 어간, 명사＋かもしれない]
말하는 사람의 주관적인 추측을 나타낸다. 회화에서는 ～かもわからない나 줄여서 ～かもよ・～かもね로도 많이 쓰인다.

彼は犬がきらいかもしれない。 그는 개를 싫어할지도 몰라.

「よし、行くぞ。」

ぼくは、ぐんと馬そりをおしました。

「わたしも行く。」

妹がぴたっとなきやんで、ちゃっかり馬そりにとびのりました。

8

夕ぎりがゆるゆるとながれていました。

こな雪が風にふかれて、けむりのようにうずをまいています。

しずかでした。キシッキシッと、雪のきしむ音しか聞こえません。

"좋아, 간다."
나는 힘껏 말썰매를 밀었습니다.
"나도 갈래."
여동생이 뚝 울음을 그치고, 냉큼 말썰매에 뛰어올라 탔습니다.

8

저녁 안개가 천천히 흐르고 있었습니다.

눈가루가 바람에 흩날려 연기처럼 소용돌이치고 있습니다.

조용했습니다. 샤~악 샤~악 썰매가 눈에 부딪치는 소리밖에 들리지 않습니다.

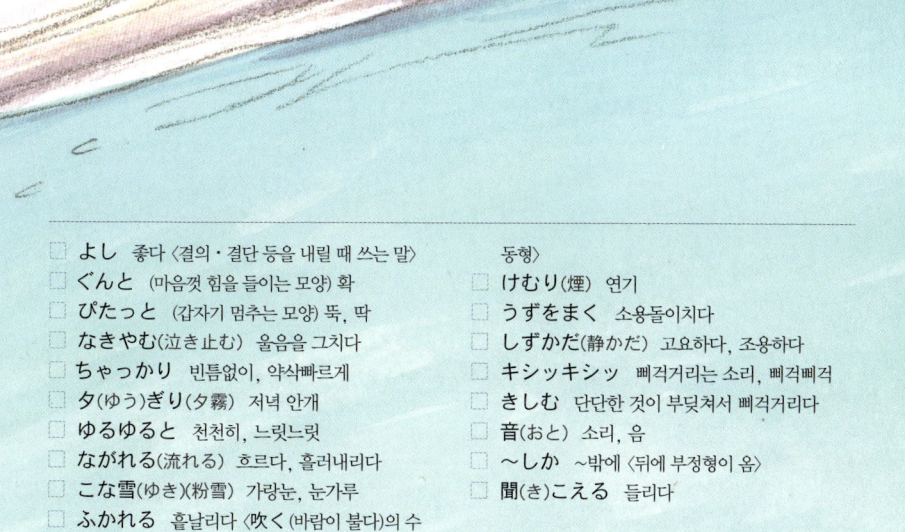

- よし 좋다〈결의·결단 등을 내릴 때 쓰는 말〉
- ぐんと (마음껏 힘을 들이는 모양) 확
- ぴたっと (갑자기 멈추는 모양) 뚝, 딱
- なきやむ(泣き止む) 울음을 그치다
- ちゃっかり 빈틈없이, 약삭빠르게
- 夕(ゆう)ぎり(夕霧) 저녁 안개
- ゆるゆると 천천히, 느릿느릿
- ながれる(流れる) 흐르다, 흘러내리다
- こな雪(ゆき)(粉雪) 가랑눈, 눈가루
- ふかれる 흩날리다〈吹く(바람이 불다)의 수동형〉
- けむり(煙) 연기
- うずをまく 소용돌이치다
- しずかだ(静かだ) 고요하다, 조용하다
- キシッキシッ 삐걱거리는 소리, 삐걱삐걱
- きしむ 단단한 것이 부딪쳐서 삐걱거리다
- 音(おと) 소리, 음
- ~しか ~밖에〈뒤에 부정형이 옴〉
- 聞(き)こえる 들리다

ぼくらは青いかげをふみながら、どこまでもどこまでも、だまって馬そりをおしつづけました。

　なだらかなおかに、馬そりをおし上げて、ひといきつきました。

　月が上がっていました。

　ぼうっと銀色にけむる雪野原の中に、ぽつんと黒くうかび上がっているのが、ぼくらの家でした。家をとりかこむように、りんご畑が広がっています。ピンネシリの山は、もやにかくれて見えません。

「よくはたらいたよな。」

　お兄ちゃんが、ひとり言のようにつぶやきました。

우리는 푸른 그림자를 밟으며 어디까지라도 어디까지라도 말없이 말썰매를 계속 밀었습니다.

완만한 언덕에 말썰매를 밀어 올리고 잠시 쉬었습니다.

달이 떠 있었습니다.

희미하게 은빛이 자욱이 깔린 설원 가운데에 홀로 검게 솟아 있는 것이 우리집이었습니다. 집을 둘러싸듯이 사과밭이 펼쳐져 있습니다. 핀네시리산은 자욱한 안개 속에 숨어 보이지 않습니다.

"열심히 일했구나."

형이 혼잣말처럼 중얼거렸습니다.

- かげ(影) 그림자
- ふむ(踏む) 밟다
- おしつづける(押し続ける) 계속 밀다
- なだらかだ 완만하다, 가파르지 않다
- おか(丘) 언덕
- おし上(あ)げる 밀어 올리다, 들어 올리다
- ひといきつく(一息つく) 잠깐 쉬다, 한숨 돌리다
- ぼうっと 희미한 모양, 흐릿한 모양
- けむる 연기가 나다, 주위가 흐려 보이다
- ぽつんと 외따로 혼자 있는 모양
- うかび上(あ)がる(浮かび上がる) 떠오르다, 부상하다
- とりかこむ(取り囲む) 둘러싸다, 에워싸다
- 畑(はたけ) 밭
- 広(ひろ)がる 넓어지다, 퍼지다
- もや 공중에 잔뜩 끼는 안개
- かくれる(隠れる) 숨다
- はたらく(働く) 일하다
- ひとり言(ごと) 혼잣말
- つぶやく 중얼거리다, 투덜거리다

「うん。」

と、ぼくらはうなずきました。

　— がんばって、はたらいた。

ほこらしい気もちになりました。

「行くぞ。」

と、お兄ちゃんが言いました。

「おう！」

ぼくらはそろりと馬そりをおして、ぱっととびのりました。クマも、ワンと鳴いて、とびのってきました。

"응."
하고 우리는 고개를 끄덕였습니다.
— 열심히 일했다.
자랑스러운 기분이 들었습니다.
"간다."
하고 형이 말했습니다.
"응!"
우리는 천천히 말썰매를 밀고 휙 뛰어올라 탔습니다. 쿠마도 멍멍 짖으며 뛰어올라 탔습니다.

- うなずく　수긍하다, 고개를 끄덕이다
- ほこらしい　자랑스럽다
- 気(き)もちになる(気持ちになる) 기분이 들다
- おう　응답, 승낙 등의 뜻을 나타내는 감탄사
- そろり　슬슬, 조용히, 천천히
- ワン　(개 짖는 소리) 멍멍

馬そりは、雪けむりをあげながらおかをかけ下り、そして、ふわっと、とび上がりました。

9

かた雪の日は、それきりでした。

すっかり雪がとけて五月になると、りんごの木たちは、今年もいっせいに花をひらきました。

雪のように、白い花です。

- □ 雪(ゆき)けむりをあげる 눈보라를 일으키다
- □ かけ下(お)りる 달려 내려오(가)다
- □ ふわっと (가볍게 움직이는 모양) 둥실, 두둥실
- □ それきり 그뿐, 그만
- □ とける(溶ける) 녹다, 용해되다
- □ 今年(ことし) 올해, 금년
- □ 花(はな)をひらく(花を開く) 꽃을 피우다

말썰매는 눈보라를 일으키며 언덕을 달려 내려와, 그리고 가볍게 날아올랐습니다.

9

눈이 단단히 얼어붙은 날은 그날뿐이었습니다.

완전히 눈이 녹아 5월이 되자 사과나무들은 올해도 일제히 꽃을 피웠습니다.

눈처럼 하얀 꽃입니다.

　　지금까지 「りんごの花」에서 익힌 표현들을 모았습니다.
내용을 상기하면서 풀어보고, 일반 회화에도 응용해 보기 바랍니다.

1 다음 중 틀린 부분을 찾아 바르게 고치세요.

① わたしはバビ人形を大好きです。
　　にんぎょう

→ _____

② わたしは日本語を上手です。

→ _____

③ ぼくはジャズダンスをできます。

→ _____

④ わたしは黄色えんぴつをほしいです。

→ _____

2 다음 중 본문 내용과 일치하는 것을 고르세요. (　　　　　)

① お兄さんのしごとはふろたきです。

② どこまでもいくたんけんたいは朝ごはんを食べて出発した。

③ ぼくのしごとは馬やにわとりのせわです。

④ りんご畑にちらばっている小えだはふろたきぎに使います。

3 다음 문장을 본문 내용에 맞게 바르게 연결하세요.

❶ 僕らは朝ごはんを食べるとすぐに、　　・　　・ⓐ ふろ場のわきまで運ぶことにしました。

❷ お昼ごはんを食べてからも、　　・　　・ⓑ スキーで出発することにした。

❸ 拾いあつめた小えだは、　　・　　・ⓒ はさみで切ることにしました。

❹ お父さんとお母さんはりんごの小えだを、　　・　　・ⓓ えだ拾いをすることにしました。

4 다음 문장을 잘 읽고 우리말로 옮기세요.

❶ きっと、しかられるにちがいありません。

→ _____

❷ 何度も電話してもいないから、田中さんは旅行でも行っているにちがいない。

→ _____

❸ 彼の話し方からみると、外国人にちがいない。

→ _____

❹ みんなが知らないということは、吉田さんが報告しなかったにちがいありません。［報告 보고］

→ _____

サーカスのライオン

川村たかし
かわむら

町外れの広場に、サーカスがやってきた。ライオンやとらもいれば[1]、お化けやしきもある。ひさしぶりのことなので、見物人がぞくぞくとやってきた。

「はい、いらっしゃい、いらっしゃい。オーラ、オーラ、お帰りはこちらです。」

- □ サーカス 서커스
- □ ライオン 사자
- □ 町外(まちはず)れ 변두리, 시내 외곽
- □ 広場(ひろば) 광장
- □ やってくる (이리로) 오다, 다가오다, 찾아오다
- □ とら(虎) 호랑이
- □ お化(ば)けやしき 귀신의 집, 도깨비 집
- □ ひさしぶり 오랜만임
- □ 見物人(けんぶつにん) 구경꾼
- □ ぞくぞく(続々) 계속해서
- □ いらっしゃい 어서 오세요〈いらっしゃるの 명령형〉
- □ オーラ 좋아
- □ お帰(かえ)り 돌아가는 길, 돌아감

서커스의 사자

카와무라 타카시

마을 외곽에 있는 광장에 서커스가 왔다. 사자랑 호랑이도 있는가 하면 도깨비 집도 있다. 오랜만에 왔기 때문에 구경꾼이 계속해서 찾아왔다.
 "네, 어서 오세요, 어서 오세요. 자~, 자~, 돌아가시는 길은 이쪽입니다."

---

1 〜も〜ば(なら)、〜も〜   ~도 ~하고, ~도 ~하다
비슷한 사항이나 대조적인 사항들의 열거를 나타낸다. も 앞에는 명사가, ば(なら) 앞에는 활용어의 가정형이 온다.

あの店(みせ)は味(あじ)もよければ、値段(ねだん)も安(やす)い。
저 가게는 맛도 좋고 가격도 싸다.

さむい風をはらんだテントがハタハタと鳴って、サーカス小屋は、まるで海の上を走るほかけ船のようだった。

ライオンのじんざは、年取っていた。ときどき耳をひくひくさせながら、テントのかげの箱の中で、一日じゅうねむっていた。ねむっているときは、いつもアフリカのゆめを見た。ゆめの中に、お父さんやお母さんや兄さんたちがあらわれた。草原の中を、じんざは風のように走っていた。

- さむい(寒い) 춥다
- はらむ 안다, 부풀다
- テント 텐트, 천막
- ハタハタと 펄럭펄럭
- 鳴(な)る 소리가 나다, 울리다
- 小屋(こや) 오두막, 임시로 세운 가건물 〈본문에서는 합성어가 되어 탁음화 되었음〉
- 走(はし)る 달리다
- ほかけ船(ぶね) 돛단배
- 年(とし)(を)取(と)る 나이(를) 먹다
- ときどき 때때로, 가끔

- ひくひく 실룩실룩, 벌룩벌룩
- かげ(陰) 뒤, 그늘
- 箱(はこ) 상자
- 一日(いちにち)じゅう(一日中) 하루 종일
- ねむる(眠る) 자다
- いつも 언제나, 항상
- アフリカ 아프리카
- ゆめを見(み)る(夢を見る) 꿈을 꾸다
- あらわれる(現れる) 나타나다, 출현하다
- 草原(そうげん) 초원

찬바람을 품어 볼록해진 텐트가 펄럭펄럭 소리를 내고, 서커스 천막집은 마치 바다 위를 달리는 돛단배 같았다.

사자 진자는 나이가 들었다. 가끔 귀를 실룩실룩거리며 텐트 뒤의 우리 안에서 하루 종일 잤다. 잘 때는 언제나 아프리카 꿈을 꾸었다. 꿈속에 아버지랑 어머니랑 형들이 나타났다. 초원 속을 진자는 바람처럼 달리고 있었다.

2 **まるで〜ようだ 마치 〜와 같다**
　[동사・い형용사의 보통형, 명사の+ようだ]
　비교・비유・예시・추량의 조동사 〜ようだ의 용법 중 비교・비유의 용법이다.

まるで海(うみ)の上に浮(う)かんでいるようだった。
마치 바다 위에 떠 있는 듯 했다.

自分の番が来ると、じんざはのそりと立ち上がる。箱はテントの中に持ちこまれ、十五まいの鉄のこうし戸が組み合わされて、ライオンのぶ台ができあがる。

　ぶ台の真ん中では、円い輪がめらめらともえていた。

「さあ、始めるよ。」

　ライオンつかいのおじさんが、チタン、チタッとむちを鳴らすと、じんざは火の輪をめがけてジャンプした。うまいものだ。二本でも三本でも、もえる輪の中をくぐりぬける。おじさんがよそ見しているのに、じんざは三回、四回とくり返していた。

자기 차례가 오면 진자는 어슬렁어슬렁 일어선다. 우리는 텐트 안으로 갖고 들여와져, 철로 된 15장의 격자문이 짜맞춰져, 사자의 무대가 완성된다.

무대 한가운데에는 둥근 고리가 활활 타고 있었다.

"자, 시작합니다."

사자 사육사 아저씨가 철썩철썩 채찍을 치자, 진자는 불고리를 향하여 점프했다. 참 잘한다. 2개도 3개도, 불타는 고리 속을 빠져나간다. 아저씨가 한눈을 파는데도 진자는 서너 번이나 반복하고 있었다.

- 番(ばん) 순서, 차례
- のそりと 어슬렁어슬렁
- 立(た)ち上(あ)がる 일어서다, 솟아오르다
- 持(も)ちこむ 갖고 들어오다, 반입하다
- 鉄(てつ) 철
- こうし戸(ど) 격자문
- 組(く)み合(あ)わせる 짜맞추다, 짝을 짓다
- ぶ台(たい)(舞台) 무대
- できあがる(出来上がる) 다 되다, 완성되다
- 真(ま)ん中(なか) 한가운데, 중앙
- 円(まる)い 둥글다
- 輪(わ) 고리, 원형
- めらめらと 활활, 훨훨
- もえる(燃える) 불타다
- さあ 자, 글쎄
- つかい 사용, 사용자(조종하는 사람), 심부름
- チタンチタッ 철썩철썩
- むち 채찍 〈むちを鳴(な)らす 채찍질 하다〉
- めがける(目掛ける) 목표로 하다, 겨냥하다
- ジャンプ 점프
- うまい 훌륭하다, 맛있다
- ~ものだ ~(이)구나, ~(인)걸 〈감동・놀람 등을 나타냄〉
- くぐりぬける 빠져나가다
- よそ見(み)する 한눈을 팔다
- くり返(かえ)す 반복하다

夜になった。お客が帰ってしまうと、サーカス小屋はしんとした。ときおり、風がふくような音を立ててとらがほえた。

「たいくつかね。ねてばかりいる³から、いつの間にか、おまえの目も白くにごってしまったよ。今日のジャンプなんて、元気がなかったぞ。」

おじさんがのぞきに来て⁴言った。じんざが答えた。

- しんとする 조용하다
- ときおり 가끔, 때때로
- 音(おと)を立(た)てる 소리를 내다
- ほえる 포효하다, 으르렁거리다
- たいくつだ(退屈だ) 재미없다, 지루하다
- にごる(濁る) 흐려지다, 탁해지다
- 元気(げんき) 기운, 건강
- のぞく(覗く) 들여다보다, 엿보다
- 答(こた)える 대답하다

밤이 되었다. 손님이 돌아가 버리면 서커스 천막집은 조용했다. 이따금 바람이 부는 것 같은 소리를 내며 호랑이가 으르렁거렸다.
"지루하니? 잠만 자고 있으니까 어느 샌가 네 눈도 흐리멍덩해져 버렸어. 오늘 점프는 기운이 없었어."
아저씨가 들여다보러 와서 말했다. 진자가 대답했다.

3　〜てばかりいる　〜(하)고만 있다　[동사 て형+ばかりいる]
　　항상 같은 일을 하고 있음을 비판적인 의미로 말할 때 사용한다.

　　そんなに食(た)べてばかりいると太(ふと)るよ. 그렇게 먹기만 하면 살쪄.

4　〜に来る(行く)　〜(하)러 오다(가다)　[동사 ます형+に来る(行く)]
　　동작의 목적을 나타낸다.

　　きのう友だちが遊(あそ)びに来(き)ました. 어제 친구가 놀러 왔습니다.
　　いっしょに映画(えいが)を見に行こう. 같이 영화 보러 가자.

「そうともさ。毎日、同じことばかりやっているうちに、わしはおいぼれたよ。」

「だろうなあ。ちょっとかわってやるから、散歩でもしておいでよ。」

そこで、ライオンは人間の服を着た。分からないように、マスクもかけた。くつをはき、手ぶくろもはめた。

ライオンのじんざはうきうきして外へ出た。

- そうとも 아무렴, 그렇고말고
- 毎日(まいにち) 매일
- ～ばかり ～뿐, ～만〈한정을 나타냄〉
- わし 나〈남자 노인이 동년배나 손아랫사람에게 씀〉
- おいぼれる 늙어빠지다, 노쇠하다
- ～だろう ～(할) 것이다, ～(이)겠지
- かわる(代わる) 대신하다, 바뀌다
- 散歩(さんぽ) 산책
- おいで 오렴, 가렴〈おいでなさい의 줄임말〉
- そこで 그래서, 그런 까닭으로
- 人間(にんげん) 인간
- 服(ふく) 옷
- 着(き)る 입다
- 分(わ)かる 알다, 이해하다
- マスクをかける 마스크를 하다
- くつをはく 신발(구두)을 신다
- 手(て)ぶくろをはめる 장갑을 끼다
- うきうき 신이 나서 마음이 들뜬 모양
- 外(そと) 밖
- 出(で)る 나가다, 나오다

"그렇고 말고. 매일 똑같은 일만 하고 있는 사이에 나는 늙어 버렸어."
"그렇겠지. 약간 바꿔 줄 테니까 산책이라도 하고 와."
그래서 사자는 인간의 옷을 입었다. 알아보지 못하게 마스크도 했다. 구두를 신고 장갑도 꼈다.
사자 진자는 마음이 들떠 밖으로 나갔다.

5 〜ように 〜(하)도록, 〜(하)게 [동사 기본형+ように]
　실현되기를 바라는 소원, 원망, 목적을 나타낸다. 부정 표현은 〜ないように (〜하지 않도록, 〜하지 않게)이다.

　　こんな事故(じこ)が二度(にど)とないように。 이런 사고가 두번 다시 없도록.

「外はいいなあ。星がちくちくゆれて、北風にふきとびそうだなあ。」

ひとり言を言っていると、

「おじさん、サーカスのおじさん。」

と、声がした。

男の子が一人、立っていた。

「もう、ライオンはねむったかしら。ぼく、ちょっとだけ、そばへ行きたいんだけどなあ。」

- 星(ほし) 별
- ちくちく 조금씩, 점점, 콕콕
- ゆれる(揺れる) 흔들리다
- 北風(きたかぜ) 북풍, 삭풍
- ふきとぶ(吹き飛ぶ) 바람에 날리다, 바람에 날아가다
- 声(こえ)がする 소리가 나다
- 〜かしら 〜일까? 〈의문을 나타냄〉
- ちょっとだけ 잠시만, 잠깐만
- そば(側) 옆, 곁

"나오니 좋구나. 별이 반짝반짝 흔들려 북풍에 날아갈 것 같네."
혼잣말을 하고 있자니,
"아저씨, 서커스 아저씨."
하는 목소리가 들렸다.
남자아이 한 명이 서 있었다.
"사자는 벌써 잠들었을까요? 저, 잠깐 동안만 옆에 가고 싶은데요."

じんざはおどろいて、もぐもぐたずねた。

「ライオンがすきなのかね。」

「うん。大すき。それなのに、ぼくたち昼間サーカスを見たときは、何だかしょげていたの。だから、お見まいに来たんだよ。」

じんざは、ぐぐっとむねのあたりがあつくなった。

「ぼく、サーカスがすき。おこづかいためて、また来るんだ。」

「そうかい、そうかい、来ておくれ。ライオンもきっとよろこぶよ。でも、今夜はおそいから、もうお帰り。」

진자는 깜짝 놀라 우물우물 물어보았다.
"사자를 좋아하니?"
"응. 정말 좋아요. 그런데 우리가 낮에 서커스를 봤을 때는 웬일인지 풀이 죽어 있었어요. 그래서 문병 왔어요."
진자는 찡하게 가슴 언저리가 뜨거워졌다.
"나는 서커스가 좋아요. 용돈 모아서 또 올 거예요."
"그래, 그래, 오너라. 사자도 틀림없이 기뻐할 거다. 하지만 오늘밤은 늦었으니 이제 돌아가거라."

- おどろく(驚く) 깜짝 놀라다
- もぐもぐ 우물우물
- たずねる 묻다
- 昼間(ひるま) 낮
- 何(なん)だか 웬일인지
- しょげる 풀이 죽다, 기가 죽다
- お見(み)まい(お見舞い) 문안, 문병
- ぐぐっと 갑자기 찡하다
- あつい(熱い) 뜨겁다
- こづかい(小遣い) 용돈 〈보통 앞에 お를 붙여 씀〉
- ためる(貯める) 돈을 모으다
- おくれ ~해 주어라 〈お는 어감을 부드럽게 함〉
- 今夜(こんや) 오늘밤
- おそい(遅い) 늦다

じんざは男の子の手を引いて、家まで送っていくことにした⁶。

男の子のお父さんは、夜のつとめがあって、るす。お母さんが入院しているので、つきそいのために、お姉さんも夕方から出かけていった。

「ぼくはるす番だけど、もうなれちゃった⁷。それより、サーカスの話をして。」

「いいとも。ピエロはこんなふうにして……。」

- 手(て)を引(ひ)く　손을 잡다, 손을 끌다
- 送(おく)っていく　데려다 주다
- つとめ(勤め)　근무, 업무
- るす(留守)　부재중
- 入院(にゅういん)する　입원하다
- つきそい　시중을 듦
- ～ために　～을 위해서
- 出(で)かける　외출하다, 나가다
- るす番(ばん)　집을 지키는 사람, 빈집을 봄
- ～だけど　～(하)지만
- なれる(慣れる)　익숙하다
- ～とも　～하고말고
- ピエロ　피에로, 광대
- ～ふうに　～식으로

진자는 남자아이의 손을 잡고 집까지 데려다 주기로 했다.

남자아이의 아버지는 야근이어서 집에 없다. 어머니가 입원 중이어서 시중을 들어야 하기 때문에 누나도 저녁때부터 외출했다.

"나는 빈 집을 지키지만 이제 익숙해졌어요. 그것보다도 서커스 이야기를 해줘요."

"좋고 말고. 피에로는 이런 식으로 해서……."

6 **～ことにする ～(하)기로 하다** [동사 기본형+ことにする]
자신의 의지로 결정한 일임을 나타낸다. 부정 표현은 ～ないことにする (～하지 않기로 하다)이다. 비슷한 표현인 ～ことになる는 자신의 의지와 무관한 결정임을 나타낸다.

健康(けんこう)のため明日から早く起きることにしました。
건강을 위해 내일부터 일찍 일어나기로 했습니다.

7 **～ちゃう ～해 버리다** [동사 て형에서 て를 뺀 형태+ちゃう]
～てしまう의 축약형으로 회화에 자주 쓰인다. ～でしまう는 ～じゃう가 된다.

私の携帯(けいたい)がこわれちゃいました。 내 휴대전화가 고장나 버렸습니다.

じんざが、ひょこひょことおどけて歩いているときだった。暗いみぞの中にゲクッと足をつっこんだ。

「あいたた。ピエロも暗い所は楽じゃない。」

じんざは、くじいた足にタオルをまきつけた。すると、男の子は、首をかしげた。

「おじさんの顔、何だか毛が生えてるみたい。」

- ひょこひょこ (가볍게 뛰는 모습) 깡충깡충
- おどける 익살부리다
- 暗(くら)い 어둡다
- みぞ(溝) 도랑, 개천
- つっこむ(突っ込む) 깊이 파고들다, 찌르다
- いたた 아야야〈いたい(痛い 아프다)의 회화체〉
- 所(ところ) 곳, 장소
- くじく(挫く) 삐다
- タオル 수건
- まきつける 휘감다
- すると 그러자, 그랬더니
- 首(くび)をかしげる 고개를 갸우뚱하다
- 毛(け)が生(は)える 털이 나다

진자가 가볍게 겅중겅중 익살맞게 걷고 있을 때였다. 어두운 도랑 속에 갑자기 푹 다리를 빠뜨렸다.

"아야야! 피에로도 어두운 장소는 쉽지 않아."

진자는 삔 다리에 수건을 휘감았다. 그러자 남자아이는 고개를 갸웃거렸다.

"아저씨 얼굴, 왠지 털이 난 것 같아요."

---

8 **～みたいだ ～같다**

[동사·い형용사의 기본형, な형용사 어간, 명사+みたいだ]
확실하진 않지만 주관적인 경험을 근거로 한 추측을 나타낸다.

部屋(へや)にだれかいるみたい。 방에 누가 있는 것 같아.

「う、ううん。なあに、さむいので毛皮をかぶっているのじゃよ。」

じんざは、あわててむこうをむいて、ぼうしをかぶり直した。

男の子のアパートは、道のそばの石がきの上に立っていた。じんざが見上げていると、部屋に灯がともった。高いまどから顔を出して、

- 毛皮(けがわ) 털가죽
- かぶる(被る) 쓰다, 덮다
- ～じゃ ～(이)다〈である의 변한 말〉
- むこう(向こう) 맞은편, 건너편
- むく(向く) 향하다
- ぼうし(帽子)をかぶる 모자를 쓰다
- かぶり直(なお)す 고쳐 쓰다
- アパート 아파트
- 石(いし)がき(石垣) 돌담, 돌벽
- 見上(みあ)げる 올려다보다, 우러러보다
- 灯(ひ)がともる 불이 켜지다
- まど(窓) 창, 창문

"아, 아니. 뭐, 추워서 털가죽을 뒤집어 쓰고 있어서 그래."
진자는 당황해서 고개를 돌리고 모자를 고쳐 썼다.
남자아이의 아파트는 길 옆의 돌담 위에 있었다. 진자가 올려다보고 있자니 방에 불이 켜졌다. 높은 창문에서 얼굴을 내밀고,

「サーカスのおじさん、おやすみなさい。あしたライオン見に行っていい[9]?」

「来てやっておくれ。きっとよろこぶだろうよ。」

じんざが下から手をふった。

次の日、ライオンのおりの前に、ゆうべの男の子がやってきた。じんざは、タオルをまいた足をそっとかくした。まだ、足首はずきんずきんといたかった。夜の散歩もしばらくはできそうもない[10]。

- きっと 반드시, 꼭, 틀림없이
- 手(て)をふる 손을 흔들다
- おり (동물) 우리
- そっと 살그머니, 살짝, 조용히
- かくす(隠す) 감추다, 숨기다
- 足首(あしくび) 발목
- ずきんずきんと (쑤시면서 아픈 모양) 욱신욱신
- しばらく 얼마간, 당분간, 잠시

"서커스 아저씨, 안녕히 가세요. 내일 사자 보러 가도 돼요?"
"와 주렴. 틀림없이 기뻐할 거야."
진자가 밑에서 손을 흔들었다.
다음날 사자 우리 앞에 어젯밤 남자아이가 찾아왔다. 진자는 수건을 감은 다리를 살짝 감추었다. 아직 발목은 욱신욱신 아팠다. 저녁 산책도 얼마동안은 할 수 없을 것 같다.

9 ～てもいい ～해도 된다 [동사 て형＋もいい]
허락·허가를 나타낸다. 본문에서는 も를 생략한 형태로 쓰였다.

これ、捨(す)てていい？ 이거 버려도 돼?

10 ～そう(に)もない ～할 것 같지도 않다
[동사 ます형, い형용사·な형용사 어간＋そうもない]
추측·양태를 나타내는 そうだ의 부정 표현이다.

雨(あめ)が降(ふ)りそうもない。 비가 올 것 같지도 않다.

男の子は、チョコレートのかけらをさし出した。

「さあ、お食べよ。ぼくと半分こだよ。」

じんざは、チョコレートはすきではなかった。けれども、目を細くして受け取った。じんざはうれしかったのだ。

それから男の子は、毎日やってきた。

じんざは、もうねむらないでまっていた。

- □ チョコレート　초콜릿
- □ かけら　부서진 조각, 깨진 파편
- □ さし出(だ)す　내밀다
- □ 〜こ　〜모습, 그런 상태를 말함
- □ 半分(はんぶん)こ　반으로 나눈 상태
- □ けれども　하지만, 그렇지만
- □ 目(め)を細(ほそ)くする　웃음지으며 흐뭇해하다
- □ 受(う)け取(と)る　받다, 받아들다
- □ それから　그리고, 그리고 나서

남자아이는 초콜릿 조각을 내밀었다.
"자, 먹어. 나와 반씩 나눈 거야."
진자는 초콜릿을 좋아하지는 않았다. 하지만 흐뭇해하며 받았다. 진자는 기뻤던 것이다.
그때부터 남자아이는 매일 찾아왔다.
진자는 이제 졸지 않고 기다렸다.

やってくるたびに[11]、男の子はチョコレートを持ってきた。そして、お母さんのことを話して聞かせた。じんざは乗り出して、うなずいて聞いていた。

いよいよ、サーカスがあしたで終わるという日、男の子はいきをはずませてとんできた。

「お母さんがね、もうじきたい院するんだよ。それにおこづかいもたまったんだ。あしたサーカスに来るよ。火の輪をくぐるのを見に来るよ。」

男の子が帰っていくと、じんざの体に力がこもった。目がぴかっと光った。

- 聞(き)かせる 들려주다
- 乗(の)り出(だ)す 몸을 앞으로 내밀다
- うなずく 수긍하다, 고개를 끄덕이다
- いよいよ 마침내, 드디어
- 終(お)わる 끝나다
- いき(息)をはずませる 숨을 헐떡거리다
- とんでくる(飛んで来る) 뛰어오다
- もうじき 얼마 안 있어
- たい院(いん)する(退院する) 퇴원하다
- たまる(貯まる) 돈이 모이다
- 力(ちから)がこもる 힘이 가득차다, 담기다
- ぴかっと (반짝이는 모습) 반짝

올 때마다 남자아이는 초콜릿을 가지고 왔다. 그리고 엄마 이야기를 들려주었다. 진자는 몸을 앞으로 내밀고 고개를 끄덕이며 듣고 있었다.

드디어 서커스가 내일이면 끝나는 날, 남자아이는 숨을 헐떡거리며 뛰어왔다.

"엄마가 말야, 얼마 안 있으면 퇴원해. 게다가 용돈도 모아졌어. 내일 서커스 보러 올 거야. 불고리를 뛰어 넘는 것 보러 올 거야."

남자아이가 돌아가자 진자의 몸에 힘이 생겼다. 눈이 반짝하고 빛났다.

---

11 ～たびに ～때마다 [동사 기본형, 명사の+たびに]
'~할 때면 언제나 ~한다'는 의미로 반복을 강조한 표현이다.

冷たい風がふくたびに彼のことが思い出される。
찬바람이 불 때마다 그가 생각난다.

「……ようし、あした、わしはわかいときのように、火の輪を五つにしてくぐりぬけてやろう。」

その夜ふけ……。

だしぬけに、サイレンが鳴りだした[12]。

「火事だ。」

と、どなる声がした。うとうとしていたじんざははねおきた。

風にひるがえるテントのすき間から外を見ると、男の子のアパートのあたりが、ぼうっと赤い。ライオンの体がぐんと大きくなった。

- ～てやる　～할 테다
- だしぬけに　돌연, 느닷없이, 갑작스럽게
- サイレン　사이렌
- 鳴(な)りだす　울리기 시작하다
- 火事(かじ)　화재
- どなる　큰 소리로 외치다, 고함치다
- うとうと　꾸벅꾸벅
- はねおきる(跳ね起きる)　벌떡 일어나다
- ひるがえる　뒤집히다, 나부끼다
- すき間(ま)(隙間)　틈
- ぼうっと　희미한 모양, 멍한 모양
- ぐんと　(갑자기) 쑥

"……좋~아, 내일, 젊었을 때처럼 불고리를 5개로 해서 빠져 나가야지."

그날 밤 늦게…….

느닷없이 사이렌이 울리기 시작했다.

"불이야!"

하고 외치는 소리가 들렸다. 꾸벅꾸벅 졸고 있던 진자는 벌떡 일어났다.

바람에 뒤집힌 텐트 사이로 밖을 보니, 남자아이의 아파트 주변이 희미하게 붉다. 사자의 몸이 쑥 커졌다.

---

12 ～だす ～(하)기 시작하다 [동사 ます형+だす]

동사의 ます형에 붙어 '~하기 시작하다'라는 뜻으로 쓰인다.

さっきから雨(あめ)が降(ふ)りだした。 조금 전부터 비가 내리기 시작했다.

じんざは、古くなったおりをぶちこわして、まっしぐらに外へ走り出た。足のいたいのもわすれて、昔、アフリカの草原を走ったときのように、じんざはひとかたまりの風になってすっとんでいく。

　思ったとおり[13]、石がきの上のアパートがもえていた。まだしょうぼう車が来ていなくて、人々がわいわい言いながら荷物を運び出している。

　「中に子どもがいるぞ。たすけろ。」
と、だれかがどなった。

- 古(ふる)い 오래되다, 낡다
- ぶちこわす 때려 부수다
- まっしぐらに 쏜살같이
- わすれる(忘れる) 잊다
- ひとかたまり 한덩어리
- すっとぶ 힘차게 뛰어가다, 힘차게 날다
- しょうぼう車(しゃ) 소방차
- わいわい 왁자지껄, 와글와글
- 荷物(にもつ) 짐
- 運(はこ)び出(だ)す 끌어내다
- たすける(助ける) 돕다

진자는 낡은 우리를 부수고 쏜살같이 밖으로 달려 나갔다. 다리가 아픈 것도 잊고, 옛날 아프리카 초원을 달릴 때처럼 진자는 한덩어리의 바람이 되어 힘차게 달려갔다.

생각했던 대로 돌담 위의 아파트가 불타고 있었다. 아직 소방차가 오지 않아서 사람들이 웅성웅성거리며 짐을 끌어내고 있다.

"안에 아이가 있어. 구하자."
하고 누군가가 외쳤다.

13 ～とおり ～대로 [동사 기본형·た형, 명사の+とおり]
通りに서 온 표현으로, ～와 같이, ～그대로이다'라는 뜻을 나타낸다.

自分(じぶん)の考えたとおりに生(い)きていきたい。
내가 생각한 대로 살아가고 싶다.

「だめだ。中へは、もう入れやしない。」

それを聞いたライオンのじんざは、ぱっと火の中へとびこんだ。

「だれだ、あぶない。引き返せ。」

後ろで声がしたが、じんざはひとりでつぶやいた。

「なあに。わしは火にはなれていますのじゃ。」

けれども、ごうごうとふき上げるほのおは階だんをはい上り、けむりはどの部屋からもうずまいてふき出ていた。

じんざは足を引きずりながら、男の子の部屋までたどり着いた。

"안 돼. 안에는 이제 들어갈 수 없어."

그것을 들은 사자 진자는 순식간에 불 속으로 뛰어들었다.

"누구야! 위험해. 돌아와!"

뒤에서 소리가 들렸지만 진자는 혼자서 중얼거렸다.

"글쎄. 나는 불에는 익숙하다고요."

하지만, 굉음을 내며 훨훨 타오르는 불길은 계단을 타고 올라가 연기는 어느 방에서나 소용돌이치며 불길을 내뿜고 있었다.

진자는 다리를 끌며 남자아이 방까지 겨우 도착했다.

- □ だめだ 안 되다, 불가능하다
- □ ～や ～은(는) 〈～は의 방언 표현〉
- □ ぱっと (순식간에 일어나는 모습) 확, 획
- □ とびこむ(飛び込む) 뛰어들다
- □ あぶない(危ない) 위험하다
- □ 引(ひ)き返(かえ)す 되돌아오(가)다
- □ 引(ひ)き返(かえ)せ 引き返す의 명령형
- □ つぶやく 중얼거리다
- □ なれる 익숙하다
- □ ごうごう 굉음을 내다, 요란하다
- □ ふき上(あ)げる (바람에 날려) 위로 솟아오르게 하다
- □ ほのお(炎) 화염, 불길
- □ 階(かい)だん(階段) 계단
- □ はい上(あ)がる 기어오르다
- □ うずまく 소용돌이치다
- □ ふき出(で)る 솟아 나오다, 뿜어 나오다
- □ 引(ひ)きずる 질질 끌다, 억지로 끌고 가다
- □ たどり着(つ)く 겨우 도착하다

部屋の中で、男の子は気をうしなってたおれていた。じんざはすばやくだきかかえて、外へ出ようとした。けれども、表はもう、ほのおがぬうっと立ちふさがってしまった。

石がきの上のまどから首を出したじんざは、思わず身ぶるいした[14]。高いので、さすがのライオンもとび下りることはできない。

じんざは力のかぎりほえた。

ウォーツ

- たおれる(倒れる) 쓰러지다
- すばやい 재빠르다, 민첩하다
- だきかかえる 끌어안다, 껴안다
- ぬうっと (갑자기 눈앞에 나타나는 모양) 쑥, 불쑥
- 立(た)ちふさがる 막아서다, 앞을 가로막다
- 身(み)ぶるいする (너무 무섭거나 추워서) 몸이 떨리다, 몸서리치다
- さすが 그토록 대단한, 과연
- とび下(お)りる 뛰어내리다
- ～かぎり ～껏, ～한(범위・한도를 나타냄)

방 안에서 남자아이는 정신을 잃고 쓰러져 있었다. 진자는 재빨리 끌어안고 밖으로 나오려 했다. 하지만, 밖은 이미 불길이 불쑥 앞을 가로 막아 버렸다.

돌담 위의 창문에서 목을 내민 진자는 자기도 모르는 사이에 몸을 떨었다. 높았기 때문에 제 아무리 사자라 해도 뛰어내릴 수 없다.

진자는 있는 힘껏 울부짖었다.

크앙~

14 思わず～(する) 엉겁결에 ~(하다)
'자신도 모르게 무의식중에 ~(하다)'라는 뜻을 나타낸다.

映画(えいが)が悲(かな)しくて、思わず泣(な)いてしまいました。
영화가 슬퍼서 나도 모르게 울고 말았습니다.

その声で気がついたしょうぼう車が下にやってきて、はしごをかけた。登ってきた男の人にやっとのことで子どもをわたすと、じんざは両手で目をおさえた。けむりのために、もう何にも見えない。

　見上げる人たちが声をかぎりによんだ。

「早くとび下りるんだ。」

　だが、風に乗ったほのおは真っ赤にアパートを包みこんで、火の粉をふき上げていた。ライオンのすがたはどこにもなかった。

- □ 気(き)がつく　눈치를 채다, 알아차리다
- □ はしごをかける　사다리를 걸치다
- □ 登(のぼ)る　오르다
- □ わたす(渡す)　건네다, 넘기다
- □ 両手(りょうて)　양손
- □ 目(め)をおさえる　눈을 가리다
- □ 見上(みあ)げる　우러러보다, 올려다보다
- □ よぶ(呼ぶ)　부르다
- □ 包(つつ)みこむ　둘러싸다, 에워싸다
- □ 火(ひ)の粉(こ)　불꽃
- □ すがた(姿)　모습

그 소리를 알아차린 소방차가 아래로 와서 사다리를 걸쳤다. 올라온 남자에게 간신히 아이를 건네자 진자는 두 손으로 눈을 가렸다. 연기 때문에 이제 아무것도 보이지 않는다.

올려다보는 사람들이 목청껏 불렀다.

"빨리 뛰어내려."

하지만 바람을 타고 불길은 새빨갛게 아파트를 둘러싸고 불꽃을 치솟게 했다. 사자의 모습은 어디에도 없었다.

やがて、人々の前に、ひとかたまりのほのおがまい上がった。そして、ほのおはみるみるライオンの形になって、空高くかけ上がった。ぴかぴかにかがやくじんざだった。もう、さっきまでのすすけた色ではなかった。
　金色に光るライオンは、空を走り、たちまち暗やみの中にきえ去った。
　次の日は、サーカスのおしまいの日だった。けれども、ライオンの曲芸はさびしかった。おじさんはひとりで、チタッとむちを鳴らした。

이윽고 사람들 앞에 한덩어리의 불꽃이 날아올랐다. 그리고 불길은 순식간에 사자의 모습이 되어, 하늘 높이 뛰어올랐다. 번쩍번쩍 빛나는 진자였다. 이미 조금 전까지의 불에 그을린 색이 아니었다.

금색으로 빛나는 사자는 하늘을 달려 순식간에 어둠 속으로 사라졌다.

다음날은 서커스의 마지막 날이었다. 하지만 사자의 곡예는 쓸쓸했다. 아저씨는 혼자서 철썩 하고 채찍질했다.

- やがて 마침내, 이윽고
- まい上(あ)がる(舞い上がる) (춤추듯) 날아오르다
- みるみる 순식간에
- 形(かたち) 형태, 모습
- 空(そら)高(たか)く 하늘 높이
- かけ上(あ)がる 뛰어오르다
- ぴかぴか 반짝반짝, 번쩍번쩍
- すすける 그을다, 낡아서 거무데데해지다
- たちまち 순식간에, 갑자기
- 暗(くら)やみ(暗闇) 어둠
- きえ去(さ)る(消え去る) 사라지다
- おしまい (しまい의 공손한 표현) 끝, 마지막

五つの火の輪はめらめらともえていた。だが、くぐりぬけるライオンのすがたはなかった。それでも、お客はいっしょうけんめいに手をたたいた。
　ライオンのじんざがどうして帰ってこなかったかを、みんなが知っていたので。

- だが　하지만
- いっしょうけんめいに　열심히
- 手(て)をたたく(叩く)　손뼉을 치다, 박수 치다
- どうして　왜, 어째서

5개의 불고리는 활활 타고 있었다. 하지만, 빠져 나갈 사자의 모습은 볼 수 없었다. 그래도 손님들은 열심히 박수를 쳤다.

사자 진자가 왜 돌아오지 않았는지를 모두가 알고 있었기에.

지금까지 「サーカスのライオン」에서 익힌 표현들을 모았습니다.
내용을 상기하면서 풀어보고, 일반 회화에도 응용해 보기 바랍니다.

1 다음 문장을 부정 표현으로 바꾸세요.

　❶ 今でも雨が降りそうです。

　　→ _____

　❷ このゲームはおもしろそうです。

　　→ _____

　❸ 金さんの今の様子は家へ帰りそうです。

　　→ _____

　❹ あの建物は便利そうです。

　　→ _____

2 다음 빈칸에 알맞은 단어를 ⬚에서 골라 써 넣으세요.

```
   うとうと      ハタハタ      ずきんずきん
   にこにこ      ごうごう      しんと
```

　❶ _____ と吹き上がるほのお。

　❷ 足首は _____ といたかった。

　❸ 子供が帰った幼稚園(ようちえん)は _____ した。　[幼稚園 유치원]

　❹ 風でテントが _____ と鳴っている。

3 본문에서 다음 뜻을 가진 복합동사를 찾아 쓰세요.

① 솟아오르다 → _____

② 깊이 파고 들다 → _____

③ 몸을 앞으로 내밀다 → _____

④ 벌떡 일어나다 → _____

4 다음 중 진자에 대한 설명으로 맞는 것을 찾아 ○표 하세요.

① じんざは若いライオンです。(　　)

② じんざはサーカスで火の輪の中をくぐりぬける。(　　)

③ じんざは男の子を火事の中から助け出した。(　　)

④ じんざは死んで、最後のサーカスの日に出られなかった。(　　)

ぼうしいっぱいのさくらんぼ

花岡大学
はなおかだいがく

ひろしは朝ねぼうだ。起こしてもなかなか起きない。

「うん、起きるよ。」

と言って起きない。お母さんは、いんきょのおじいさんに相談した。おじいさんは、

「よし、わしにまかしとけ。」

と言った。

모자에 가득찬 버찌

하나오카 다이카쿠

히로시는 늦잠꾸러기다. 깨워도 좀처럼 일어나지 않는다.
 "응, 일어날게요."
하고 말하고는 일어나지 않는다. 엄마는 동네 어르신께 의논했다. 동네 어르신은,
 "좋아, 내게 맡겨 두게."
하고 말했다.

- ぼうし(帽子)　모자
- いっぱい　가득함, 가득 참
- さくらんぼ　버찌, 벚나무 열매
- 朝(あさ)ねぼう(朝寝坊)　잠꾸러기
- 起(お)こす　일으키다, (잠을) 깨우다
- なかなか～ない　쉽사리(좀처럼) ~하지 않다
- 起(お)きる　일어나다, 기상하다
- いんきょ(隠居)　은퇴한 사람, 은퇴, 노인장
- 相談(そうだん)　상담
- まかす(任す)　맡기다
- ～とけ　～해 두게 〈～ておく의 축약형인 ～とく의 명령형〉

明くる朝、電話のベルが鳴った。ひろしは、その音で目を覚ました。じゃんじゃん鳴る。お母さんはるすらしい[1]。しかたなしにひろしが出た。

「もしもし、どなたですか。」

「やあ、ひろしか。いんきょのおじいだ。おはよう。もう起きたのか。えらい、えらい。朝は早く起きるのにかぎる。きれいな朝の空気をうんとすって、ぐんぐん大きくなれよ。はい、さよなら。」

あっという間に、電話は切れた。

- □ 明(あ)くる 다음의
- □ 電話(でんわ) 전화
- □ ベル 벨
- □ 鳴(な)る 울리다
- □ 目(め)を覚(さ)ます 잠을 깨다
- □ じゃんじゃん 땡땡, 따르릉 따르릉
- □ しかたなしに(仕方なしに) 하는 수 없이
- □ 出(で)る 받다, 나오다 〈電話に出る 전화를 받다〉
- □ えらい 훌륭하다, 위대하다, 대단하다
- □ ～にかぎる ～이 제일이다
- □ 空気(くうき) 공기
- □ すう(吸う) 마시다
- □ うんと 매우, 크게, 훨씬, 힘쓰는 모양
- □ ぐんぐん (성장하는 모습) 부쩍부쩍, 쭉쭉
- □ 切(き)れる 끊어지다, 베이다 〈電話を切(き)る 전화를 끊다〉

다음날 아침 전화벨이 울렸다. 히로시는 그 소리에 잠을 깼다. 따르릉 따르릉 전화벨이 울린다. 엄마는 집에 안 계신 것 같다. 할 수 없이 히로시가 전화를 받았다.

"여보세요, 누구세요?"

"어~, 히로시구나. 동네 할아버지다. 안녕. 벌써 일어났어? 장하구나, 장해. 아침에는 일찍 일어나는 것이 제일이지. 깨끗한 아침 공기를 실컷 마시고, 쑥쑥 크거라. 그럼, 안녕."

눈 깜짝할 사이에 전화는 끊겼다.

1 ～らしい ～인 듯하다
[동사・い형용사의 기본형, な형용사 어간+らしい]
자신의 판단이 아닌 외부로부터 듣거나 한 객관적인 근거를 바탕으로 확신을 갖고 짐작하는 추량을 나타낸다.

山田(やまだ)さんはお金(かね)があるらしいです。 야마다 씨는 돈이 있는 듯합니다.
あのカレーライスは辛(から)いらしいです。 저 카레라이스는 매운 것 같습니다.

「なんだ、用もないのに電話をかけてきて、いじわるじいさんめ。」

そうは思ったが、べつにはらを立てているわけではない²。それに、えらい、えらいとほめられたので、今さらねるわけにはいかない³。

まどを開けた。

さっと朝の風がふきこんできた。

うら山の緑の葉っぱが、ちかちか光って目にしみる。

- 用(よう) 용무, 볼일, 일
- 電話(でんわ)をかける 전화를 걸다
- いじわる(意地悪) 심술궂은 성격, 또는 그런 사람
- 〜め (경멸의 뜻을 나타냄) 〜놈, 〜녀석
- 〜が 〜(하)지만
- べつに(別に) 별로
- はら(腹)を立(た)てる 화를 내다
- それに 게다가, 더욱이
- ほめられる 칭찬받다〈ほめる의 수동형〉
- 今さら 새삼스럽게, 이제 와서
- さっと (바람이 갑자기 부는 모양) 휙, 쏴
- ふきこむ (눈·비가) 안으로 들어오다
- うら(裏) 뒤, 뒷면, 뒤쪽
- 緑(みどり) 녹색, 초록
- 葉(は)っぱ 잎, 잎사귀
- ちかちか (별·보석 등이) 반짝반짝
- 目(め)にしみる (경치·모양·색채 등이 선명해서) 눈에 스며드는 듯 하다

"뭐야, 용건도 없으면서 전화를 걸고, 심술쟁이 할아범."

그렇게는 생각했지만 별로 화가 난 것은 아니다. 더구나 '장하다, 장해'하고 칭찬받았기 때문에 이제 와서 다시 잘 수 없다.

창문을 열었다.

휙 하고 아침 바람이 들어 왔다.

뒷산의 초록색 잎이 반짝반짝 빛나서 눈에 선명하게 스며들었다.

2 ~わけではない ~(하)는 것은 아니다
[동사·い형용사 기본형, な형용사な + わけではない]
이유를 부정하는 뜻으로 쓰이며, 「全部 (모두)」나 「いつも (항상)」「全然 (전혀)」과 같은 말과 함께 쓰이면 부분 부정이 되기도 한다.

金持(かねも)ちだといってみんな幸(しあわ)せなわけではない。
부자라고 해서 모두 행복한 것은 아니다.

3 ~わけにはいかない ~할 수 없다 [동사 기본형+わけにはいかない]
일반적 사회 통념 상의 판단으로 '~할 수 없다'는 이유를 나타낸다. 부정 표현은 ~ないわけにはいかない (~하지 않을 수 없다)이다.

試験(しけん)の前(まえ)だから遊(あそ)んでいるわけにはいかない。
시험을 앞두고 놀고 있을 수는 없다.

「いいな、朝早く起きるのは……。」
すると、まどの下で声がする*。
あきおとごろうだ。あきおがごろうに言う。
「とってもおいしそうなさくらんぼが、いっぱいなっている木を見つけてあるんだ。すぐそこのがけの上だが、いっしょに行かないか。」
「へえ、すごいな。行こ。ひろし君もさそってやろうよ。」

- □ すると　그러자
- □ 声(こえ)がする　목소리가 들리다
- □ とっても　매우, 굉장히 〈とても의 힘줌말〉
- □ なる(生る)　열리다, 맺히다
- □ 見(み)つける　발견하다, 찾다
- □ がけ　낭떠러지, 벼랑, 절벽
- □ すごい　굉장하다, 대단하다
- □ 行(い)こ　가자 〈行こう의 줄임말〉
- □ さそう(誘う)　권유하다, 권하다, 꾀하다
- □ ～てやる　(동년배나 손아랫사람에게 무엇을) ～해 주다

"좋구나, 아침 일찍 일어나는 것은……."
그러자 창문 아래에서 소리가 들렸다.
아키오와 고로다. 아키오가 고로에게 말했다.
"굉장히 맛있어 보이는 버찌가 잔뜩 달린 나무를 찾아 두었어.
바로 저기 벼랑 위인데 같이 안 갈래?"
"와~, 굉장한데. 가자. 히로시도 같이 가자고 하자."

4 〜てある 〜(아)어져 있다 [타동사 て형+ある]
행위자의 의지에 의해 일어난 행위의 결과가 계속 유지되고 있는 상태를 나타낸다.

紙(かみ)がはってある。 종이가 붙여져 있다.

> **＊ 〜がする**
> 臭(にお)いがする 냄새가 나다　　気(き)がする 기분이 들다
> 味(あじ)がする 맛이 나다　　　　感(かんじ)がする 느낌이 들다
> 音(おと)がする 소리가 나다

「だめだよ。あいつはねぼうだから、まだぐうぐうねてるよ。」

「じゃ、起きるまで、待ってやろうよ。」

「だめ、だめ。さくらんぼは、朝つゆに冷えているのを食べるのがいちばんおいしいのだ。ほっといて行こう。」

「そんなら行こう。」

ひろしは、あわててまどから首を出し、

「ぼくも行くよ、待ってくれ。」

とさけんだ。

- あいつ 저 녀석, 저놈, 그놈
- ねぼう(寝坊) 잠꾸러기
- ぐうぐう (코고는 소리) 쿨쿨
- 待(ま)つ 기다리다
- 朝(あさ)つゆ(朝露) 아침 이슬
- 冷(ひ)える 식다, 차가워지다, 쌀쌀해지다
- いちばん(一番) 가장, 제일
- ほっとく 내버려 두다, 방치하다 〈ほっておくの 축약형〉
- そんなら 그러면, 그렇다면 〈それならの 회화체〉
- 首(くび) 목, 머리 부분
- 出(だ)す 내다, 내밀다

"안 돼. 그 녀석은 잠꾸러기여서 아직 쿨쿨 자고 있을 거야."
"그럼, 일어날 때까지 기다려 주자."
"안 돼, 안 돼. 버찌는 아침 이슬에 차가워져 있는 것을 먹는 것이 제일 맛있단 말이야. 놔두고 가자."
"그럼 가자."
히로시는 당황하여 창문으로 고개를 내밀고,
"나도 갈래, 기다려 줘."
하고 외쳤다.

「あれ、もう起きているのか。」

「あたりまえだ。ぼく、ねぼうじゃないよ。」

なるほど、これはすごい。

がけの上の大きなさくらんぼの木の葉っぱの間に、真っ赤にうれたさくらんぼがいっぱいついている。

三人は急いで木の上によじ登り、思い思いにえだにこしを下ろすと、ものも言わずに取って食べた。

- あれ (놀라거나 이상할 때) 어, 아니, 어머나
- あたりまえだ(当たり前だ) 당연하다, 마땅하다
- ~じゃない ~는(가) 아니다 〈~ではない의 회화체〉
- なるほど (듣던 바와 같이) 과연, 정말
- 葉(は)っぱ 나뭇잎
- ~間(あいだ)に ~사이에, ~동안에
- うれる (과일 등이) 익다, 여물다
- つく 달리다, 붙다
- 急(いそ)ぐ 서두르다
- よじ登(のぼ)る (나무 등을 잡으며) 기어오르다
- 思(おも)い思(おも)いに 각자의 생각대로, 제 나름대로
- えだ(枝) 가지
- こし(腰)を下(お)ろす 앉다
- ものも言(い)わず 아무 말도 하지 않고
- 取(と)る 들다, 잡다, (열매를) 따다

"어, 벌써 일어나 있었어?"
"당연하지. 나, 잠꾸러기 아니야."

정말 이건 굉장하다.
벼랑 위에 있는 큰 버찌나무 잎 사이에 새빨갛게 익은 버찌가 가득 달려 있다.
세 사람은 서둘러 나무 위로 기어올라, 제각기 가지에 앉아 말도 하지 않고 따먹었다.

---

5 ~ている ~(하)고 있다, ~해 있다 [자동사 て형+いる]
　자동사의 て형에 접속하여 진행이나 상태를 나타낸다.

　　小(ちい)さな子(こ)が泣(な)いている。 어린 아이가 울고 있다.(진행)
　　きれいな花(はな)がさいている。 아름다운 꽃이 피어 있다.(상태)

あきおの言うとおり、こんなおいしいのを食べたことがない[6]。

「うまいね。」

「うん、うまい。」

それだけしかものがいえない。

あきおもごろうも、むさぼるように食っている。ただ、いちばん上のえだにいるひろしだけは、さっきから食べるのをやめて、ぼうしをぬいで、その中へ取っては入れ、取っては入れしている。

あきおはふしぎに思ってきいた。

- ～とおり （그대로임을 나타냄) ~대로
- それだけ 그뿐, 그것만, 그 정도
- ～しか ~밖에, ~뿐
- ものを言(い)う 입을 열다
- むさぼる 탐하다, 한없이 욕심 부리다
- さっき 아까, 조금 전 〈さきの강조〉
- やめる 그만두다, 중지하다
- ぼうし(帽子)をぬぐ(脱ぐ) 모자를 벗다
- 入(い)れる 넣다
- ふしぎだ(不思議だ) 이상하다, 희한하다
- きく(聞く) 묻다, 듣다

아키오가 말한 대로 이렇게 맛있는 버찌를 먹은 적이 없다.
"맛있다."
"응, 맛있어."
그 말밖에는 할 수 없다.

아키오도 고로도 게걸스럽게 먹고 있다. 하지만, 제일 윗가지에 있는 히로시만은 아까부터 먹는 것을 그만두고, 모자를 벗어서 그 안에 (버찌를) 따서는 넣고, 따서는 넣고 있다.

아키오는 이상하게 생각하여 물었다.

6 **〜たことがない(ある) 〜한 적이 없다(있다)** [동사 た형+ことがない(ある)]
과거 경험의 유무를 나타내는 표현이다.

フランスへ行(い)ったことがありません。
프랑스에 간 적이 없습니다.

「ひろし君、どうして食べないで、そんなことしているの。」

「これかい。」

と、ひろしはにこにこしながら答えた。

「あんまりおいしいので、いんきょのいじわるじいさんに、持っていってやるのさ。」

「いじわるじいさんに?」

「うん、お礼のしるしにね。」

「お礼のしるしに?」

- どうして　왜, 어째서
- 〜かい　(친밀감을 가지고 물을 때) 〜냐, 〜니
- にこにこ　생글생글, 싱글벙글
- 答(こた)える　대답하다
- あんまり　(あまりの 강조) 너무, 매우, (부정 표현과 쓰여) 그다지
- 〜さ　〜(하)려고, 〜(말)이야, 〜(거)야〈어조를 고르거나 남의 주의를 끌거나 또는 강조·의문을 나타냄〉
- お礼(れい)　사례, 사례 인사 〈礼의 공손한 말〉
- しるし(印)　표시, 기호, 상징

"히로시, 왜 먹지 않고 그러고 있는 거야?"
"이거 말야?"
하고 히로시는 싱글벙글 웃으며 대답했다.
"너무 맛있어서 심술궂은 동네 할아버지한테 가져다 주려고."
"심술쟁이 할아버지한테?"
"응, 감사의 표시로."
"감사의 표시로?"

 **CHECK UP** 지금까지 「ぼうしいっぱいのさくらんぼ」에서 익힌 표현들을 모았습니다. 내용을 상기하면서 풀어보고, 일반 회화에도 응용해 보기 바랍니다.

1 다음 밑줄 친 부분을 「〜たことがある・ない」의 표현으로 바꾸세요.

❶ わたしは昔、その話は<u>聞く</u>。(긍정)

→ _____

❷ 彼女は英語の本を<u>忘れる</u>。(긍정)

→ _____

❸ この子供たちは今まで一度も親と<u>はなれる</u>。(부정)

→ _____

❹ 今までこんなにおいしいさくらんぼは<u>食べる</u>。(부정)

→ _____

2 다음을 잘 읽고 우리말로 옮기세요.

❶ 別に腹を立てているわけではない。

→ _____

❷ 今さらねるわけにはいかない。

→ _____

❸ 私は学生時代、勉強ばかりしていたわけではない。よく旅行もした。

→ _____

❹ あしたは試験があるから、今日は遊んでいるわけにはいかない。

→ _____

3. 다음 중「らしい」의 용법이 나머지와 다른 하나를 고르세요. (　　　)

　① となりの部屋には優子がいるらしい。

　② よく分からないが、となりの朴さんは会社員らしい。

　③ 結婚した木ノ下さんは母親らしい身ぶりをしていた。
　　　[身ぶり 태도, 몸짓]

　④ 食事をする多くの人は満足しているらしい。[満足 만족]
　　　　　　　　　　　　　まんぞく

4. 다음 중 본문의 내용과 일치하지 않는 것을 고르세요. (　　　　　　)

　① ひろしがいつも朝ねぼうして、ひろしのお母さんは心配している。

　② お母さんはいんきょのおじいさんにひろしの朝ねぼうを相談した。

　③ ひろしは朝早く起きたのを後悔していた。[後悔 후회]
　　　　　　　　　　　　　　こうかい

　④ ひろしはいんきょにお礼として、さくらんぼを上げようとしている。

CHECK UP 해답

해답 및 번역도 함께 실었습니다.

百羽のつる

1 ❶ わたしは旅行しながら、友だちに会います。
　　 | 나는 여행을 하면서 친구를 만납니다.
　❷ 田中さんはコーヒーを飲みながら、新聞を読みます。
　　 | 타나카 씨는 커피를 마시면서 신문을 읽습니다.
　❸ つるは空を飛びながら、えさを探します。
　　 | 학은 하늘을 날면서 먹이를 찾습니다.
　❹ エミちゃんは勉強しながら、アルバイトします。
　　 | 에미 짱은 공부하면서 아르바이트를 합니다.

2 ❶ あの女の子は泣きそうだ。
　　 | 저 여자아이는 울 것 같다.
　❷ おばあさんはとてもうれしそうだ。
　　 | 할머니는 매우 기쁜 것 같다.
　❸ 教室は前より静かそうだ。
　　 | 교실은 전보다 조용한 것 같다.
　❹ 家の中をいくら探しても猫はなさそうだ。
　　 | 집 안을 아무리 찾아봐도 고양이는 없는 것 같다.

3 ❶ ここまでついてくるのも、やっとでした。
　❷ 子どものつるは、ついていこうとして、死にものぐるいでとびました。
　❸ そして、落ちていく子どものつるを追いぬいて行きました。
　❹ 郵便局に小包を持っていった。

4 ❶ ○ | 백 마리의 학은 모두 같은 속도로 날아갔다.
　❷ ○ | 학은 북쪽 나라에서 낮에도 밤에도 쉬지 않고 계속 날아왔다.
　❸ × | 어린 학은 모두에게 자신이 아프다는 것을 말했다.
　❹ ○ | 떨어져 가는 어린 학을 모두가 도왔다.

りんごの花

1
- ❶ を→が
  | 나는 바비 인형을 매우 좋아합니다.
- ❷ を→が
  | 나는 일본어를 잘합니다.
- ❸ を→が
  | 나는 재즈 댄스를 출 수 있습니다.
- ❹ を→が
  | 나는 노란 연필이 갖고 싶습니다.

2 ❹
① 형의 일은 목욕물 데우기입니다.
② 어디까지라도 가는 탐험대는 아침밥을 먹고 출발했다.
③ 나의 일은 말과 닭을 돌보는 것입니다.
④ 사과밭에 흩어져 있는 어린 가지는 목욕물을 데우는 데 씁니다.

3
- ❶ ⓑ
- ❷ ⓓ
- ❸ ⓐ
- ❹ ⓒ

4
- ❶ 분명 꾸중 들을 것이 틀림없습니다.
- ❷ 몇 번이나 전화해도 없었기 때문에, 타나카 씨는 여행이라도 갔음에 틀림없다.
- ❸ 그의 말투로 미루어 보면, 외국인임에 틀림없다.
- ❹ 모두가 모른다고 하는 것은 요시다 씨가 보고 하지 않았음에 틀림없습니다.

サーカスのライオン

1. ❶ 今は雨がふりそうに(も)ありません。
   | 지금은 비가 내릴 것 같지 않습니다.
   ❷ このゲームはおもしろくなさそうです。
   (おもしろそうではありません。)
   | 이 게임은 재밌을 것 같지 않습니다.
   ❸ 金さんの今の様子は家へ帰りそうに(も)ありません。
   | 김 씨의 지금 모습은 집에 돌아갈 것 같지 않습니다.
   ❹ あの建物は便利ではなさそうです。(便利そうではありません。)
   | 저 건물은 편리할 것 같지 않습니다.

2. ❶ ごうごう
   | 훨훨 타오르는 불꽃
   ❷ ずきんずきん
   | 발목이 욱신욱신 아팠다.
   ❸ しんと
   | 아이가 돌아간 유치원은 조용했다.
   ❹ ハタハタ
   | 바람에 텐트가 펄럭펄럭 소리를 내고 있다.

3. ❶ 吹き上がる(ふきあがる)
   ❷ 突っ込む(つっこむ)
   ❸ 乗り出す(のりだす)
   ❹ 跳ね起きる(はねおきる)

4. ❶ × | 진자는 젊은 사자입니다.
   ❷ ○ | 진자는 서커스에서 불고리를 빠져나간다.
   ❸ ○ | 진자는 남자 아이를 화재 속에서 구해냈다.
   ❹ ○ | 진자는 죽어서 마지막 서커스 날에 나오지 못했다.

ぼうしいっぱいのさくらんぼ

1 ❶ 聞いたことがある
　　　| 나는 예전에 그 이야기를 들은 적이 있다.
　　❷ 忘れたことがある
　　　| 그녀는 영어 책을 잃어버린 적이 있다.
　　❸ はなれたことがない
　　　| 이 아이들은 지금까지 한번도 부모와 떨어져 본 적이 없다.
　　❹ 食べたことがない
　　　| 지금까지 이렇게 맛있는 버찌는 먹어 본 적이 없다.

2 ❶ 별로 화를 낼 이유도 없다.
　　❷ 이제 와서 잘 수 없다.
　　❸ 나는 학생 시절 공부만 한 것은 아니다. 여행도 자주 갔다.
　　❹ 내일 시험이 있어서 오늘은 놀고 있을 수 없다.

3 ❸
　　① 조동사 – 옆방에는 유코가 있는 듯하다.
　　② 조동사 – 잘 모르지만, 옆집의 박 씨는 회사원인 듯하다.
　　③ 접미어 – 결혼한 키노시타 씨는 엄마다운 태도를 하고 있었다.
　　④ 조동사 – 식사를 하는 많은 사람은 만족하고 있는 듯하다.

4 ❸
　　① 히로시가 언제나 아침에 늦잠을 자서, 히로시의 엄마가 걱정하고 있다.
　　② 엄마는 마을 어른신께 히로시의 아침 늦잠을 의논했다.
　　③ 히로시는 아침 일찍 일어난 것을 후회했다.
　　④ 히로시는 마을 어르신께 답례로 버찌를 드리려고 한다.

마음에 깊은 감명을 남기는 문장, 꼭 기억해 두고 싶은 문장을 적어보세요.

著作者
阪田寛夫　夕日がせなかをおしてくる　노을이 등을 떠민다
花岡大学　百羽のつる　백 마리의 학
後藤竜二　りんごの花　사과 꽃
川村たかし　サーカスのライオン　서커스의 사자
花岡大学　ぼうしいっぱいのさくらんぼ　모자에 가득찬 버찌

다락원 일한 대역문고 – 초급3
일본초등학교 3학년 국어교과서선
日本の小学校3年生の国語教科書選

지은이 阪田寛夫, 花岡大学, 後藤竜二, 川村たかし
역　주 이상신, 노희진
펴낸이 정규도
펴낸곳 (주)다락원

초판 1쇄 발행 2007년 1월 5일
초판 12쇄 발행 2024년 8월 16일

책임편집 이경숙, 김윤희
외주교정 임수진
디자인 서해숙
일러스트 윈일러스트

경기도 파주시 문발로 211
Tel: (02)736-2031　Fax: (02)732-2037
　　　(내용문의: 내선 460~465 / 구입문의: 내선 250~252)
출판등록 1977년 9월 16일 제406-2008-000007호

Copyright© 2007, 内藤啓子, 花岡大詩, 後藤竜二, 川村たかし

저자 및 출판사의 허락 없이 이 책의 일부 또는 전부를 무단 복제·전재·발췌할 수 없습니다.
구입 후 철회는 회사 내규에 부합하는 경우에 가능하므로 구입문의처에 문의하시기 바랍니다.
분실·파손 등에 따른 소비자 피해에 대해서는 공정거래위원회에서 고시한 소비자 분쟁 해결
기준에 따라 보상 가능합니다. 잘못된 책은 바꿔 드립니다.

ISBN 978-89-5995-301-1 18730　978-89-5995-296-0(set)

www.darakwon.co.kr
다락원 홈페이지를 통해 인터넷 주문을 하시면 자세한 어학 정보와 함께 다양한 혜택을 받으실 수 있습니다.